# 建筑装饰工程计量与计价实务

黎诚　兰琼 ■ 主　编
伍燕　许卫 ■ 副主编
黎兰豪崎 ■ 主　审

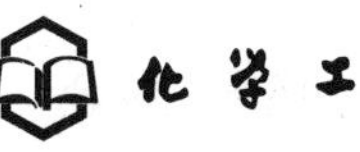


·北京·

随着建筑装饰行业的发展和国家装饰相关规范的不断完善，装饰工程行业越来越红火，装饰工程造价也得到国家的高度重视，正值国家在推行新的计价方式，我们依据国家颁布的有关新规范、新标准编写了本书。

本书共分6章，主要内容包括：第1章，介绍建筑装饰工程造价在工程中的作用、分类、装饰与装修的共性与个性，计价方法及计价特点；第2章，介绍建筑装饰工程定额的编制原理、分类及定额的应用方法，定额计价与清单计价的计算方法和计算程序；第3章，介绍建筑装饰工程施工图预算编制、定额计量、定额套用、定额计价文件编制，并通过列举大量案例进行解剖分析；第4章，介绍了清单计量计算方法，清单计价方法及计价的程序，列举工程实例解剖分析；第5章，介绍建筑装饰工程报价的策略、方法及合同签订的技巧；第6章，介绍工程结算与竣工决算文件的编制，建筑装饰工程造价文件的审核方法。

全书编写思路清晰、重难点突出、层次分明。本书可作为工程造价管理人员、企业管理人员学习使用，也可作为建筑装饰工程技术、工程造价，建筑工程管理等相关专业的教材。

**图书在版编目（CIP）数据**

建筑装饰工程计量与计价实务/黎诚，兰琼主编．北京：化学工业出版社，2012.11（2015.10重印）
ISBN 978-7-122-15359-3

Ⅰ.①建… Ⅱ.①黎…②兰… Ⅲ.①建筑工程-工程造价 Ⅳ.①TU723.3

中国版本图书馆CIP数据核字（2012）第221999号

责任编辑：彭明兰　　装帧设计：关　飞
责任校对：宋　夏

出版发行：化学工业出版社（北京市东城区青年湖南街13号　邮政编码100011）
印　　刷：北京市振南印刷有限责任公司
装　　订：三河市宇新装订厂
710mm×1000mm　1/16　印张10　字数186千字　2015年10月北京第1版第3次印刷

购书咨询：010-64518888（传真：010-64519686）　售后服务：010-64518899
网　　址：http://www.cip.com.cn
凡购买本书，如有缺损质量问题，本社销售中心负责调换。

**定　　价：28.00元**

# 前言

随着建筑装饰行业的发展和国家装饰相关规范的不断完善，装饰工程行业越来越红火，工程造价也从原来占主体工程总造价的15%～35%提升到20%～55%，因此，能否准确地编制装饰工程造价，直接影响建筑企业的经济利益和社会效益。合理地确定工程造价，在整个装饰行业发展中将起到非常重要的作用。

装饰工程造价是建筑行业工程造价三大分项造价（即土建工程造价、安装工程造价、装饰工程造价）之一。本书的特点是：一、注重实用性，通俗易懂，全书紧密结合工程实际，深入浅出，在文字上力求精炼，语言流畅，向学者传授灵活的学习方法，易于教学；二、注重规范性，充分反映科学的计量和计价方法，即清单计量计价与定额计量计价对比编制；三、注重实例讲解，理论联系实际，本书列举了大量的工程案例，并以图、表的形式，按照工程实践的常规做法及阅读的方便给予解答。

本书共分6章，主要内容包括：第1章，建筑装饰工程概述，介绍建筑装饰工程造价在工程中的作用、分类、装饰与装修的共性与个性，计价方法及计价特点；第2章，建筑装饰工程定额，介绍建筑装饰工程定额的编制原理、分类及定额的应用方法；第3章，建筑装饰工程施工图预算编制，介绍建筑装饰工程施工图预算编制、定额计量、定额套用、定额计价文件编制；第4章，建筑装饰工程清单计价的编制，介绍建筑装饰工程清单计价的编制、清单计量、清单计价、工程实例剖析；第5章，建筑装饰工程报价技巧，介绍建筑装饰工程报价策略、报价方法、合同的签订；第6章，建筑装饰工程结算，介绍工程结算与竣工决算文件的编制、装饰工程造价文件的审核。全书编写思路清晰、重难点突出、层次分明。

本书由黎诚、兰琼主编，伍燕、许卫副主编，黎兰豪崎主审，方海斌、王素琼参加了本书的编写工作。

由于编者水平和经验所限，疏漏与不足之处在所难免，敬请广大读者批评指正。

编　者

2012.7

# 目录

# 目录

# 1 / 建筑装饰工程概述

## 1.1 建筑装饰与装修工程的定义

### 1.1.1 建筑装饰的定义

#### 1.1.1.1 建筑装饰

建筑装饰是建筑物、构筑物的重要组成部分，是指使用一定装饰材料对建筑物、构筑物的外表和内部进行美化处理的工程建造活动。它是以美学原理为依据，以各种当代装饰材料为基础，通过运用一定的施工工艺和施工技巧来制作完成室内外建筑装饰作品，即为建筑装饰。

建筑装饰不仅表达了空间环境的性质、目的和用途，还表现出使用者的审美观念、文化修养、身份和地位等。其内容集中体现了人类文化的各个方面，从日常生产、生活到思想意识，从民族特色到地域特色，都以各种不同的形式表现在建筑装饰的各领域中。例如，在我国古典建筑中，鱼的图形象征着“年年有余”，常常用在厨房的装饰里，表达人们对未来生活的向往。还有“吉祥如意”的装饰图案，也把它装饰到客厅等房间的背景墙上，这些都充分反映了一定时期人们的思想、感情和审美方式，传递着一定的文化信息。人们将文化的内涵投射到装饰工程各环节中，就是把一个无生命、无意义的物象升华为一个有情有义的空间与环境，这一切正是通过建筑装饰的艺术创作来实现。

#### 1.1.1.2 建筑装饰工程

建筑装饰工程是指通过细心的装饰设计、施工与目标管理等一系列建造活动，在建筑物表面，对其各个不同部位施以不同装饰材料进行装点修饰，来满足人们生活功能和视觉审美功能等需求的系统工程。如抹灰工程、镶贴面料工程、涂裱工程、吊顶安装工程等，建筑装饰工程能增强人们对建筑物的审美观念，能够改善建筑物围护结构的物理性能，能够改善室内采光、通风与隔音等条件，营造一个更加舒适的生活环境，提高人们的生活质量，所以装饰工程从古至今，经久不衰。

1.1.1.3 建筑装修工程

建筑装修工程是指对原有建筑物的改造与修缮的工程，它影响建筑物的使用功能，但不破坏房屋的承重结构，在确保建筑物使用安全的条件下进行局部维修和恢复功能的一系列工程。

### 1.1.2 建筑装饰工程与建筑装修工程的区别

装饰工程与装修工程目前尚无统一的区分标准，但从二者之间的关系上看，装饰不影响房屋的使用功能，它是为了美化建筑物，体现个性化，给人们增添居住、办公、购物、娱乐、休息等舒适环境所做的工程，装饰中含有装修功能。

装修工程影响房屋的使用功能，它对房屋某一局部进行修缮和改造，装修中不包含装饰功能。从建筑学角度上讲，装修是对建筑原有功能的恢复工程，而装饰是一种建筑艺术的创作活动，是创建建筑物三大基本要素之一的生产活动。

### 1.1.3 建筑装饰行业

建筑装饰行业是指从事装饰工程设计、施工、管理、装饰材料制造与销售、中介服务等多种业务的综合性新型行业。装饰行业的特点如下。

(1) 综合性强　装饰行业集文化、艺术和施工技术于一体，它包括建筑工程六面体型、空间与室内外环境的装饰艺术创作。

(2) 附加值高　装饰行业是一种智力、技术、管理密集型行业，它采用高新技术，倡导资源节约、环境保护、优质优价，实现和提高产值与利润；它是以创造性的室内设计为前提，以选择更强、更优质饰材为目标，通过高水准、精致化施工，使装饰作品的文化艺术、技术质量得以升华。

(3) 逐步形成主导产业　装饰行业从行业上隶属于建筑行业，从产业上划分为第二产业。该行业既能为社会创造财富，为国家提供积累，也能促进消费结构的调整，美化环境与提高人民生活水平。同时还能带动建材、轻工、纺织、冶金、房地产等行业的发展，逐步形成一支第二主导产业。

## 1.2 建筑装饰工程的分类与特点

### 1.2.1 建筑装饰工程的分类

1.2.1.1 按装饰部位分类

建筑装饰按装饰部位可分为室内装饰、室外装饰和环境装饰 3 类。

(1) 室内装饰　它是指对建筑物内所进行的楼地面、墙柱面、顶棚、楼梯、门窗等部位的装饰。它的作用是保护墙地面，改善室内使用条件，美化内部环境。

(2) 外部装饰　它是指对建筑物外部构件所进行的装饰，如外墙面、柱面、屋面檐口、檐廊、阳台、雨篷、外墙门窗等的装饰。其作用是保护房屋主体结构、保温隔热、防潮隔音、美化外部环境等。

(3) 室外环境装饰　它是指对围墙、院落进行灯饰、假山喷泉、水榭雕塑、花草绿化及以各种供人们休闲娱乐的建安装饰工程。其作用是营造一个幽雅美观、舒适温馨的生活与工作环境。

1.2.1.2　按装饰等级（标准）分类

建筑装饰工程按装饰等级（标准）可分为高级建筑装饰、中级建筑装饰和普通级建筑装饰3个等级。

建筑装饰等级见表1.1。

**表1.1　建筑装饰等级**

| 建筑装饰等级 | 建筑物类型 |
| --- | --- |
| 高级装饰 | 大型博览建筑，大型剧院，纪念性建筑，大型邮电、交通建筑，大型商贸建筑，大型体育馆，高级宾馆，高级住宅 |
| 中级装饰 | 广播通信建筑，医疗建筑，商业建筑，普通博览建筑，邮电、交通、体育建筑，旅馆建筑，高教建筑，科研建筑 |
| 普通装饰 | 居住建筑，生活服务性建筑，普通行政办公楼，中、小学建筑 |

建筑装饰标准见表1.2～表1.4。

**表1.2　高级装饰标准**

| 装饰部位 | 室内装饰材料及做法 | 室外装饰材料及做法 |
| --- | --- | --- |
| 墙面 | 大理石、各种面砖、塑料墙纸、织物墙面、木墙裙、喷涂高级涂料 | 天然石材、饰面砖、装饰混凝土、高级涂料、玻璃幕墙 |
| 楼地面 | 彩色水磨石、天然石料或人造石板（如大理石）、木地板、塑料地板、地毯 | |
| 天棚 | 铝合金装饰板、塑料装饰板、装饰吸音板、塑料墙纸、玻璃顶棚、喷涂高级涂料 | 外廊、雨篷底部参照室内装饰 |
| 门窗 | 铝合金门窗、一级木材门窗、高级五金配件、窗帘盒、窗台板、喷涂高级油漆 | 各种颜色玻璃铝合金门窗、钢窗、遮阳板、卷帘门窗、光电感应门 |
| 设施 | 各种花饰、灯具、空调、自动扶梯、卫生设备 | |

表 1.3 中级装饰标准

| 装饰部位 | | 室内装饰材料及做法 | 室外装饰材料及做法 |
|---|---|---|---|
| 墙面 | | 装饰抹灰、内墙涂料 | 各种面砖、外墙涂料、局部天然石材 |
| 楼地面 | | 彩色水磨石、大理石、地毯、各种塑料地板 | |
| 天棚 | | 胶合板、钙塑板、吸音板、各种涂料 | 外廊、雨篷底部参照室内装饰 |
| 门窗 | | 窗帘盒 | 普通钢、木门窗，主要入口铝合金门 |
| 卫生间 | 墙面 | 水泥砂浆、瓷砖内墙裙 | |
| | 楼地面 | 水磨石、马赛克 | |
| | 天棚 | 混合砂浆、纸筋灰浆、涂料 | |
| | 门窗 | 普通钢、木门窗 | |

表 1.4 普通装饰标准

| 装饰部位 | 室内装饰材料及做法 | 室外装饰材料及做法 |
|---|---|---|
| 墙面 | 混合砂浆、纸筋灰浆、石灰浆、大白浆、内墙涂料、局部油漆墙裙 | 水磨石、干粘石、外墙涂料、局部面砖 |
| 楼地面 | 水泥砂浆、细石混凝土、局部水磨石 | |
| 天棚 | 水泥砂浆、水泥石灰浆、纸筋石灰浆或喷浆 | 外廊、雨篷底部参照室内装饰 |
| 门窗 | 普通钢、木门窗，铁质五金配件 | |

1.2.1.3 按造价阶段分类

建筑装饰工程按造价阶段分类可分为如下 3 类：

① 装饰工程概算；

② 装饰工程施工图预算；

③ 装饰工程结算与决算。

### 1.2.2 建筑装饰工程的特点

建筑装饰工程的主要特点有以下 4 点：

① 独立性与依附性；

② 个性与共性；

③ 施工的精致性；

④ 造价高低悬殊性。

## 1.3 建筑装饰工程计价的方法与作用

### 1.3.1 定额计价方法

定额计价方法就是按预算定额规定的分部分项子目，逐项计算工程量，套用预算定额单价（或单位估价表）确定直接费，然后按规定的取费标准确定措施费、间接费、利润和税金，加上材料调差系数和适当的不可预见费，经汇总后即为工程预算价或标底，而标底则作为评标定标的主要依据。

这种定额单价法确定工程造价，是我国长期以来在工程造价形成过程中采用的模式，这是一种与计划经济相适应的工程造价管理模式。定额计价模式实际上是国家通过颁布统一的估算指标、概算指标，以及概算、预算和有关费用定额，对建筑产品价格进行有计划管理的计价方法。国家以假定的建筑安装产品为对象，制定统一的预算和概算定额，计算出每一单元子项的费用后，再综合形成整个工程的造价。定额计价模式的基本原理如图 1.1 所示。

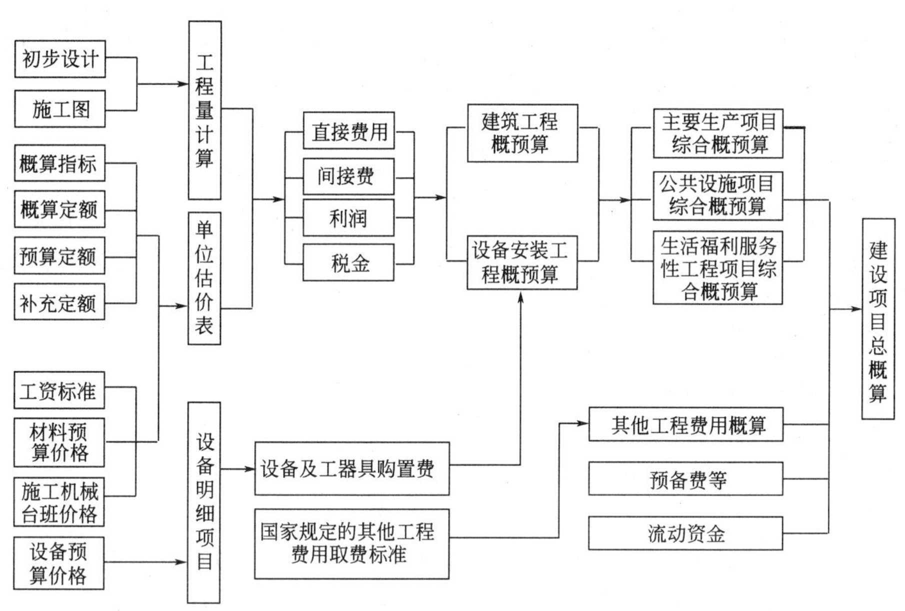


图 1.1 定额计价模式的原理示意图

从图 1.1 中可以看出，编制建设工程造价最基本的过程有两个，即：工程量计算和工程计价。为统一口径，工程量的计算均按照预算定额规定的分部分项子目工程量计算规则逐项计算工程量。工程量确定以后，就可以按照一定的方法确定出工程的成本及盈利，最终就可以确定出工程预算造价（或投标报价）。工程造价定额计价方法的特点就是量、价合一。

### 1.3.2 建筑安装工程费用计算关系

建筑安装工程费用计算关系见表 1.5。

表 1.5 建筑安装工程费用计算关系

| 序号 | 计算方法 | 费用项目 | 备 注 |
|---|---|---|---|
| (1) | 按预算表 | 直接工程费 | |
| (2) | 按规定标准计算 | 措施费 | |
| (3) | (1)+(2) | 小计(直接费) | |
| (4) | (3)×相应费率 | 间接费 | |
| (5) | [(3)+(4)]×相应利润率 | 利润 | |
| (6) | (3)+(4)+(5) | 合计 | |
| (7) | (6)×(1+相应税率) | 含税造价 | |

## 1.3.3 建筑装饰工程定额计价依据

装饰工程计价依据广泛，不同建设装饰阶段的计价依据不完全相同，不同形式的承发包方式的计价依据也有差别。下面主要介绍在编制施工图概预算和工程标底时的依据。

### 1.3.3.1 经过批准和会审的全部施工图设计文件及相关标准图集

经审定的施工图纸、说明书和相关图集，完整地反映了工程的具体情况内容、各部分的具体做法、结构尺寸、技术特征以及施工方法，是编制施工图预算、计算工程量的主要依据。

### 1.3.3.2 经过批准的工程设计概算文件

经批准的设计概算是建设装饰项目投资的最高限额，设计单位必须按照批准的初步设计总概算施工图设计，施工图预算不得突破设计概算。如确需突破总概算时，应按规定程序报请批准。

### 1.3.3.3 经过批准的施工组织设计或施工方案

施工组织设计或施工方案中包含编制施工图预算必不可少的有关文件资料，如建设装饰地的施工方法及余土外运方式和运距，施工机械使用情况，重要的梁柱板的施工方案等，是编制施工图预算的重要依据。

### 1.3.3.4 建筑装饰工程消耗定额或计价规范

现行建筑工程消耗量定额及建设工程工程量清单计价办法，都详细地规定了分项工程项目划分及编码、分项工程名称及工程内容、工程量计算规则等内容，是编制施工图预算和标底的主要依据。

### 1.3.3.5 建筑装饰工程估价表或价目表

建筑工程估价表或价目表是确定分项工程费用的重要文件，是编制建筑安装工程招标标底的主要依据，是计算各项费用的基础和换算定额单价的主要依据。

### 1.3.3.6 建筑装饰工程估价

人工、材料、机械台班预算单价是预算定额的三要素，是构成直接工程费的主要因素，尤其是材料费在工程成本中的比重大，而且在市场经济条件下其价格随市场变化，为使预算造价尽可能接近实际，各地区部门对此都有明确的调价规定。因此合理确定人工、材料、机械台班预算价格及其调价规定是编制施工图预算的重要依据。

1.3.3.7 建筑工程费用定额及计算规则

建筑工程费用定额及计算规则规定了建筑安装工程费用中措施费、规费、利润和税金的取费标准和取费方法，它是在建筑安装工程人工费、材料费和机械台班使用费计算完毕后，计算其他各项费用的主要依据。

1.3.3.8 工程承发包合同文件

施工单位和建设单位签订的工程承发包合同文件的若干条款，如工程承包形式、材料设备供应方式、材料差价结算、工程款结算方式、费率系数和包干系数等，是编制施工图预算和工程标底的重要依据。

1.3.3.9 预算工作手册

预算工作手册是预算人员必备的预算资料。它主要包括各种常用数据和计算公式、各种标准构件的工程量和材料量、金属材料规格和计量单位之间的换算，它能为准确、快速编制施工图预算提供方便。

### 1.3.4 工程量清单计价方法

工程量清单计价方法是一种区别于定额计价模式的新型计价模式，是一种主要由市场定价的计价模式，是由建设产品的买方和卖方在建设市场上根据供求状况、信息状况进行自由竞价，从而最终能够签订工程合同价格的方法。因此，可以说工程量清单的计价方法是在建设市场建立、发展和完善过程中的必然产物。在工程量清单的计价过程中，工程量公开清单向建设市场的交易双方提供了一个平等的平台，是投标人在投标活动中进行公正、公平、竞争的重要基础。

1.3.4.1 工程量清单计价费用的组成

根据《建设工程工程量清单计价规范》的规定，工程量清单计价的费用由分部分项工程费、措施项目费、其他项目费、规费、税金5部分组成，如图1.2所示。

1.3.4.2 工程量清单各项费用的计算

（1）分部分项工程费　分部分项工程量清单费用采用综合单价计价，综合单价应由完成工程量清单中一个规定计量单位项目所需的人工费、材料费、施工机械使用费、管理费和利润组成，并考虑风险因素。

① 人工费　指直接从事建筑安装工程施工的生产工人开支的各项费用。

② 材料费　指施工过程中耗费的构成工程实体的原材料、辅助材料、构配件、零件、半成品的费用。

③ 施工机械使用费　指使用施工机械作业所发生的费用。

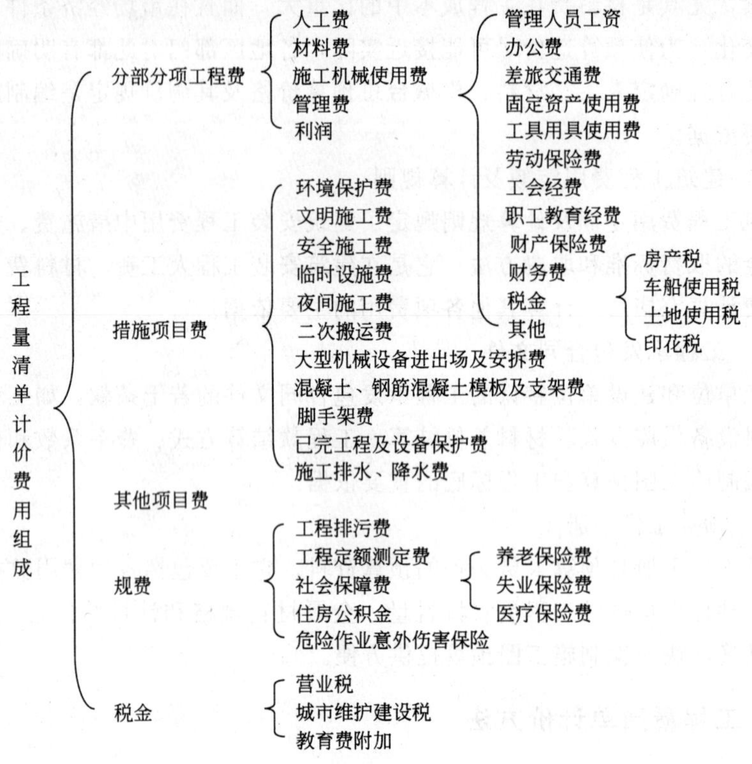


图 1.2　工程量清单计价费用组成图

④ 管理费　指建筑安装企业组织施工生产和经营管理所需费用。

⑤ 利润　指按企业经营管理水平和市场的竞争能力，完成工程量清单中各个分项工程应获得并计入清单项目中的利润。

分部分项工程量清单费用中，还应考虑风险因素，计算风险费用。风险费用是指投标企业在确定综合单价时，客观上可能产生的不可避免误差，以及在施工过程中遇到施工现场条件复杂、恶劣的自然条件、施工中意外事故、物价暴涨以及其他风险因素所发生的费用。

(2) 措施项目费　措施项目费是指施工企业为完成工程项目施工，应发生于该工程施工前和施工过程中生产、生活、安全等方面的非工程实体费用。

(3) 其他项目清单费用　其他项目清单包括招标人部分和投标人部分。

① 招标人部分。

a. 预留金：指招标人在工程招标范围内为可能发生的工程变更而预备的金额。

b. 材料购置费：指招标人将按国家规定准予分包的工程指定分包人或者指定供应商供应材料等而预留的金额。

② 投标人部分。

a. 总承包服务费：指投标人配合协调招标人工程分包和材料采购所发生的费用，一般取2%～3%。

b. 零星工作项目费：指施工过程中应招标人要求而发生的不是以实物计量和定价的零星项目所发生的费用，工程竣工时按实结算。

c. 其他。

(4) 规费 规费是指政府和有关权力部门规定必须缴纳的费用（简称规费）。内容包括：工程排污费、工程定额测定费、社会保障费、住房公积金、危险作业意外伤害保险等。

(5) 税金 税金是指国家税法规定的应计入建筑工程造价内的营业税、城市维护建设税及教育费附加等各种税金。

## 1.3.5 综合单价的概念及计算方法

### 1.3.5.1 综合单价的概念

综合单价是由人工费、材料费、机械使用费、管理费和利润组成，并适当考虑了风险因素的单价。综合单价的综合有两层意思：一是本身价格的综合，每一个综合价格包括了人工费、材料费、机械使用费、管理费、利润；二是工程内容的综合，如钢结构工程中的钢构件，其工程内容包括了钢构件的制作、运输、安装、油漆、探伤等，钢构件的综合单价包括了钢构件的制作、运输、安装、油漆、探伤等的费用。

### 1.3.5.2 综合单价的计算方法

(1) 人工费、材料费、机械使用费的计算 人工费、材料费、机械使用费计算方法见表1.6。

**表1.6 人工费、材料费、机械使用费计算方法**

| 费用名称 | 计算方法 |
|---|---|
| 人工费 | Σ(分部分项工程量×人工消耗量定额×人工工日单价) |
| 材料费 | Σ(分部分项工程量×材料消耗量定额×材料单价) |
| 机械使用费 | Σ(分部分项工程量×机械台班消耗量定额×机械台班单价) |

(2) 管理费的计算

$$管理费=计算基数\times管理费率 \quad (1.1)$$

管理费率按分部分项工程管理费费率表取定，具体见各省市的建设工程造价计价规则。

(3) 利润的计算

$$利润=计算基数\times利润率 \quad (1.2)$$

利润率(社会平均参考值)按照工程类别来取定，具体见各省市的建设工程造价计价规则。

(4) 综合单价计算　综合单价的计算见分部分项工程量清单综合单价分析表，如表 1.7 所示。

**表 1.7　分部分项工程量清单综合单价分析表**

工程名称：　　　　　　　　　　　　　　　　　　　　　第　页、共　页

| 序号 | 细目编码 | 细目名称 | 细目单位 | 工程内容 | | | | 人工费 | 材料费 | 机械费 | 管理费 | 利润 | 小计 | 综合单价/元 |
|---|---|---|---|---|---|---|---|---|---|---|---|---|---|---|
| | | | | 定额编码 | 定额名称 | 定额单位 | 工程量 | | | | | | | |
| 1 | | | | | | | | | | | | | | |
| | | | | | | | | | | | | | | |
| | | | | | | | | | | | | | | |
| | | | | | | | | | | | | | | |
| 2 | | | | | | | | | | | | | | |
| | | | | | | | | | | | | | | |
| | | | | | | | | | | | | | | |
| | | | | | | | | | | | | | | |

### 1.3.6　建筑装饰工程计价的作用

建筑装饰工程计价的主要作用有以下几个方面：

① 它是确定装饰工程造价的重要文件；

② 它是选择和评价装饰工程设计方案的衡量标准；

③ 它是控制工程投资和办理工程结算的主要依据；

④ 它是签订工程承包合同，确定招投价的主要依据。

## 1.4　小结

本章对建筑装饰与装饰工程的定义、建筑装饰工程造价的费用计算及构成和装饰工程的分类、特点等做了比较全面的概述。现将装饰及装饰工程的基本要点和基本定义归纳为以下几点。

(1) 装饰是建筑物和构筑物的重要组成部分　它不仅表达了空间环境的性质、目的、用途，还表现出使用者的审美观念、文化修养、身份和地位等；建筑装饰工程是指通过细心地装饰设计、施工与目标管理等一系列建造活动，从而获得理想装饰艺术效果的实施全过程，它能够改善建筑物围护结构的物理性能，能够改善室内采光等；装饰行业是指从事装饰工程设计、施工、管理、饰材制造与

销售、中介服务等多种业务的综合性新型行业，隶属该行业的各类企业被称之为装饰企业。

（2）我国实行国家建设部及各地州建设委员会归口管理　管理主要针对装饰工程设计、施工、材料选取及市场的管理；分别对各单位、企业进行资质和年检管理；制定和修改装饰工程定额，颁布一系列装饰工程质量标准、施工及验收规范的管理。

（3）装饰工程的构成和计价方法与建筑工程类似　它们都是用定额计价方法和工程量清单计价方法，为了适应社会主义市场经济的发展，国家建设主管部门对其计价的依据和方法进行了大量改革和调整。

本章应重点掌握装饰、装饰业的定义和装饰工程的内容及计价方法，了解装饰工程与装修工程的区别。

# 2 建筑装饰工程定额

## 2.1 建筑装饰工程定额的编制原理

### 2.1.1 建筑装饰工程定额的定义和特点

建筑装饰工程定额是指在一定施工技术与建筑艺术创作条件下为完成一定计量单位的合格产品，所必需的人工、材料、机械台班的消耗数量标准。

装饰工程定额的计量单位有工日（人工的计量单位，是指在正常的施工条件下，一个工人工作 8 小时）和台班（机械的计量单位，是指在正常的施工条件下，一台机械工作 8 小时），材料是以物理与自然计量单位来取定的。

装饰工程定额属于建筑工程定额，是通过完善建筑安装工程定额得到的。它不仅具有建筑工程定额的全部特征，而且具有装饰装潢的某些特性。

### 2.1.2 建筑装饰工程定额的性质

定额一经制定，便具有法令与强制性，建筑装饰定额同建筑工程定额一样具有科学性、法令性、先进性与群众性、区域性和时效性。

2.1.2.1 科学性

我国新中国成立后，为了国民经济的恢复，开始组织人员进行培训试点和定额筹备，深入到施工现场，做了广泛大量的调研工作，出台了第一部东北地区统一劳动定额，随后扩展到其他地区。经过历时 5 年的试点，在推广、总结的基础上，于 1955 年正式颁布了《全国建筑工程劳动定额》。在随后几十年的多次修改补充后，才形成现在的一套完整的定额资料。它是广大定额工作者经过无数次的测算和计算的结晶，因此具有一定的科学性。

2.1.2.2 法令性

工程定额是国家各级主管部门按照一定的科学方法和程序编制的，在其执行范围内都必须遵守，不得随意更改其内容。如需更改或补充，必须经过有关部门的批准。

2.1.2.3 先进性和群众性

定额制定是根据当时的社会生产力水平，在大量的竣工结算资料，以及工程生产过程中数据的测定、分析、研究的基础上制定出来的，因此，它来源于实践，具有广泛的群众基础。定额编写是由定额管理技术人员、工人和工程技术人员，以科学分析的方法排除其他个别特殊情况，在正常生产条件下确定出来的合理、科学的操作方法、时间及消耗。因此，它具有先进性，它代表了社会平均与社会平均先进水平。

2.1.2.4 区域性和时间性

定额的种类很多在编制范围上，有全国统一、地方各部门编制的定额与企业定额之分，所以具有一定范围与区域性。

定额是一定时期社会生产力水平的反映，所以随着社会生产力的进步，生产技术的发展，生产条件的提高，原有的定额就不能体现生产力水平，需要对其进行修改和补充。因此，定额具有明显的时效性。一般情况下，定额每五年会进行一次调整。

### 2.1.3 建筑装饰工程定额的作用

建筑装饰工程定额的主要作用有以下几点。

2.1.3.1 是编制工程造价、招投标底的主要依据

装饰工程消耗定额是编制装饰工程施工图预算、确定装饰工程预算造价、编制招投工程标底的主要依据，是控制工程投资的有效手段。

2.1.3.2 是编制工程概算定额、估算指标的基础资料

装饰工程消耗定额是编制装饰工程概算定额、估算指标的基础，是在此基础上进行扩大与补充。

2.1.3.3 是对设计方案进行技术经济比较的主要依据

根据装饰定额计算出每一个方案的造价，进行工程价格的比较，或在经济相同的条件下比较诸多方案中哪一个技术效果更佳。

2.1.3.4 是投标报价、内部核算的参考资料

投标报价可以根据装饰工程性质结合本企业的资质水平和当地的社会平均先进水平等多方面情况进行灵活报价，也可依据统一的消耗量定额计算造价，或者以不同定额进行估价。报价应以定额报价为计价基础，合理确定工程报价额度，使报价接近标底，提高中标率。

## 2.2 建筑装饰工程定额的分类

建筑装饰工程定额是建筑工程定额的一个组成部分，可分为计量定额和计价定额。因此，它是根据不同要求和用途制定出适用于不同类别的装饰工程定额，它的分类如图 2.1 所示。

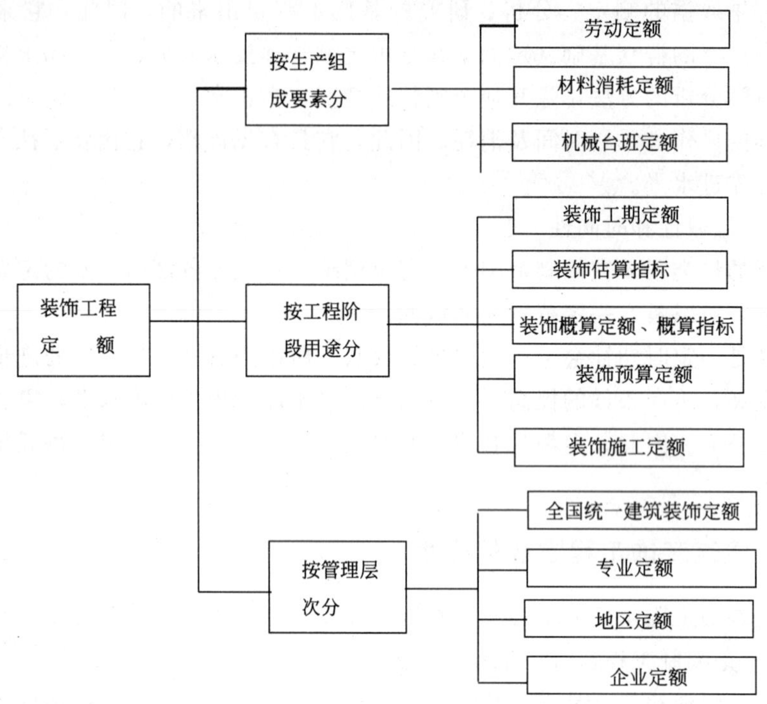


图 2.1　装饰工程定额分类

## 2.2.1　按定额生产组成要素分

### 2.2.1.1　劳动定额

劳动定额是指在一定得生产和技术条件下，生产合格的单位产品或工作量应该消耗的劳动量（一般用劳动或工作来表示）标准或在单位时间内生产产品或完成工作量的标准，称人工定额、工时定额或工日定额，它蕴含着生产效益和劳动合理运用的标准，反映了建筑安装工人劳动生产率的先进水平，不仅体现了劳动与产品的关系，还体现了劳动配备与组织的关系，它是计算完成单位合格产品或单位工程量所需人工的依据。它是在一定的生产技术、组织条件下为生产一定量的产品或完成一定的工作所规定的劳动消耗量的标准。

劳动定额的表现形式主要有：①以时间表示的工时定额，即规定生产单位合格产品或完成某项工作所必需消耗的时间；②以产量表示的产量定额，即在单位时间内应完成合格产品的数量；③以看管机器设备的数量表示的看管定额，即在单位时间内一个工人或一组工人同时看管机器设备的台数；④以服务量表示的服务定额，即规定在单位时间内应完成服务项目的数量。为了适应生产上的需要，劳动定额可以根据不同的生产特点和条件，采取不同的形式。

2.2.1.2 材料消耗量定额

材料消耗定额是指为生产单位合格装饰产品，某种品种、规格的装饰材料所必须消耗的数量标准。主要包括直接用于建筑安装工程的材料、不可避免的施工废料、材料场外运输的损耗、场内不可避免的损耗、生产材料过程的损耗。材料消耗定额包括主要材料、辅助材料和零星材料等，并计入了相应的损耗，其内容和范围包括：从工地仓库、现场集中堆放地点或现场加工地点至操作或安装地点的运输损耗、施工操作损耗和施工现场堆放损耗。其中主要材料指经过施工后能构成工程实体的各种材料；辅助材料指经过施工后不构成工程实体，但属实体形成不可缺少的各种材料。

材料消耗量＝材料净用量＋材料损耗量＝材料净用量×(1＋损耗率)

2.2.1.3 机械台班消耗量定额

机械台班消耗定额是指在正常施工条件下，生产单位合格产品必须消耗的某种型号施工机械的台班数量。一般可以用以下两种方法计算确定预算定额的机械台班消耗量。

(1) 根据施工定额确定机械台班消耗量　这种方法是指施工定额或劳动定额中机械台班产量加机械幅度差计算预算定额的机械台班消耗量。

预算定额机械耗用台班＝施工定额机械耗用台班×(1＋机械幅度差系数)

(2) 以现场测定资料为基础确定机械台班消耗量　如遇到施工定额缺项时，则需要依据单位时间完成的产量测定。

## 2.2.2 按工程阶段用途分

2.2.2.1 装饰工程工期定额

装饰工程工期定额是按各类建筑安装工程的不同类型、结构、部位及用途等规定其所需装饰施工周期日历天数的多少而编制的。工期定额是编制施工组织设计方案、安排施工计划考核施工工期的依据，也是制定招标标底、投标报价和签订施工合同的依据。

2.2.2.2 装饰工程估算指标

装饰工程估算指标是可行性研究阶段编制装饰工程估价的重要依据，可行性研究阶段的估价也是装饰项目投资决策的依据。

2.2.2.3 装饰工程概算定额和概算指标

概算定额是在预算定额的基础上，根据通用图和标准图等，以主要工序为主，综合相关工序适当扩大编制而成的。概算指标是概算定额的扩大与合并，它是以整个建筑物和构筑物为对象的计价定额。

2.2.2.4 装饰工程预算定额

装饰工程预算定额是以单位工程各个分部分项工程为单位编制的，定额中包括分项所需人工、材料消耗量及材料预算价格、机械台班费、其他费用等。预算定额是在施工定额的基础上综合和扩大，它是用来确定建设工程产品中每一分部分项工程的每一计量单位所消耗的物化劳动数量的标准。

2.2.2.5　装饰施工定额

装饰施工定额是施工企业为组织生产和加强管理在企业内部使用的一种定额，它是建筑安装工人在合理的劳动组织或工人小组在正常施工条件下，为完成单位合格产品所消耗的劳动、材料、机械的数量标准。

### 2.2.3　按管理层次分

2.2.3.1　全国统一建筑装饰定额

全国统一定额是由国务院有关部门制定和颁发的定额，共分两类，一类是通用性较强的，如1977年颁发的《通用设备安装工程预算定额》、1986年修编的《全国统一安装工程预算定额》；另一类是专业较强的，由中央各部根据其专业性质不同分别制定，报国家计委备案，在其专业范围内全国通用的工程定额，如2000年编制的《全国统一安装工程预算定额》。

2.2.3.2　企业定额

装饰施工企业定额也称临时定额，是国家统一定额或地方定额的缺项定额的补充，它仅限于企业内部使用。

2.2.3.3　专业定额

专业定额是由各专业主管部门发布的，它是按照国家标准、规范和定额水平结合专业对建筑的特殊工艺、管理水平而编制的。

2.2.3.4　地方定额

地方定额是各省、自治区和直辖市根据地方的社会平均水平和参照全国统一定额编制，并在本地区使用的定额。

### 2.2.4　按定额组成要素分

按定额组成要素可分为计量定额和计价定额。

## 2.3　建筑装饰工程计量定额

### 2.3.1　建筑装饰工程计量定额的应用

装饰工程消耗定额的应用主要有两个方面的内容：一方面是利用定额求出各分项工程所需要的劳动、材料、机械台班的数量后汇总得出单位工程的总耗量；另一方面是根据清单项目的工程，利用定额查找相应的人、材、机的数值，完成工程量清单计价。

定额的应用可分为以下几种。

2.3.1.1 直接套用定额

当施工图纸设计的装饰装修工程项目内容、材料、做法与相对应的定额所规定的内容相同时，该项目就按照定额规定来直接套用定额，查找定额计算出综合人工工日消耗量、材料消耗量和机械台班消耗量。

2.3.1.2 按定额规定项目执行

施工图纸设计的装饰装修工程项目内容，如果定额中没有列出相应或相近子目名称时，按下列情况进行处理：

① 铝合金门窗制作、安装项目中未含的五金配件，按门窗工程附表计算；

② 铝合金制作、安装项目不分现场或施工企业附属加工厂制作，均执行门窗工程定额；

③ 油漆浅、中、深各种颜色，以综合在定额中，颜色不同，不另行调整；

④ 石材装饰线条均以成品安装为准。石材装饰线条磨边、磨圆角均包括在成品的单价中，不再另计；

⑤ 在暖气罩装饰工程中，规定半凹半凸式暖气罩按明式定额子目执行。

2.3.1.3 定额换算

如果施工图纸设计的装饰装修工程项目的构造、材料、做法等与定额项目规定的内容不相同时，且定额中没有明确规定不可调整时，可在规定子目的范围内进行换算或调整，最后计算出人工消耗量、材料消耗量及机械台班消耗量。

2.3.1.4 套用补充定额

当设计图样中的项目在现行定额中缺项，又不属于换算范围，无定额可套用时，应套用补充定额。方法为先计算所缺项目的人工、材料和机械台班消耗量，再根据本地区的人工工日单价、材料预算价格和机械台班单价，计算出该项目的人工费、材料费和机械费，最后汇总为补充定额单价。

2.3.1.5 消耗定额的特殊考虑

2002 年消耗量定额与《全国统一建筑工程基础定额》相同的项目，均以新发布的消耗定额为准，消耗定额中未列的找平层、垫层等则按《全国统一建筑工程基础定额》相应项目执行。

## 2.3.2 建筑装饰工程定额的套用和换算

2.3.2.1 定额的直接套用

直接套用是指工程子目的内容和施工要求与定额项目中规定的相同时，就可以直接套用定额中的人、材、机的单位消耗量。

【例 2.1】 某商务大厦砖墙面挂贴花岗岩板，工程量 500m$^2$，求定额消耗量和本项目人工、材料、机械台班消耗数量。

【解】 根据项目要求，与定额 2-049 子项一致，计算结果见表 2.1。

**表 2.1 砖墙面挂贴花岗岩板项目人工、材料、机械台班消耗数量计算表**

（计量单位：m$^2$）

| 序号 | 项目名称 | 单位 | 代码 | 定额含量 | 工程用量 |
|---|---|---|---|---|---|
| 1 | 综合工日 | 工日 | 000001 | 0.8877 | 0.8877×500=443.85 |
| 2 | 1∶2.5 水泥砂浆 | m$^3$ | AX0683 | 0.0393 | 0.0393×500=19.65 |
| 3 | 素水泥浆 | m$^3$ | AX0720 | 0.0010 | 0.0010×500=0.50 |
| 4 | 花岗岩板(综合) | m$^3$ | AG0291 | 1.0200 | 1.0200×500=510.00 |
| 5 | 钢筋 $\phi$6.5 | kg | DA1851 | 1.0760 | 1.0760×500=538.00 |
| 6 | 铁件 | kg | AN5390 | 0.3487 | 0.3487×500=174.39 |
| 7 | 铜丝 | kg | DB0860 | 0.0777 | 0.0777×500=38.85 |
| 8 | 电焊条 | kg | AR0211 | 0.0151 | 0.0151×500=7.55 |
| 9 | 白水泥 | kg | AA0050 | 0.1550 | 0.1550×500=77.50 |
| 10 | 石料切割锯片 | kg | AN5900 | 0.0421 | 0.0421×500=21.05 |
| 11 | 硬白蜡 | kg | JA2930 | 0.0265 | 0.0265×500=13.25 |
| 12 | 草酸 | kg | JA0770 | 0.0100 | 0.0100×500=5.00 |
| 13 | 煤油 | kg | JA0470 | 0.0400 | 0.0400×500=20.00 |
| 14 | 松节油 | kg | JA0660 | 0.0060 | 0.0060×500=3.00 |
| 15 | 棉纱头 | kg | AQ1180 | 0.0100 | 0.0100×500=5.00 |
| 16 | 水 | m$^3$ | AV0280 | 0.0141 | 0.0141×500=7.05 |
| 17 | 清油 | kg | HA1000 | 0.0053 | 0.0053×500=2.65 |
| 18 | 灰浆搅拌机 200L | 台班 | TM0200 | 0.0067 | 0.0067×500=3.35 |
| 19 | 交流电焊机 30kVA | 台班 | TM0400 | 0.0015 | 0.0015×500=0.75 |
| 20 | 钢筋调直机 $\phi$14 | 台班 | TM0300 | 0.0005 | 0.0005×500=0.25 |
| 21 | 钢筋切断机 $\phi$140 | 台班 | TM0301 | 0.0005 | 0.0005×500=0.25 |
| 22 | 石料切割机 | 台班 | TM0640 | 0.0510 | 0.0510×500=25.50 |

直接套用定额的步骤一般是：

① 查阅定额目录，确定工程所属分部分项；

② 按实际工程内容及条件，与定额子项对照，确认项目名称、做法、用料及规格是否一致，查找定额子目，确定定额编号；

③ 查出人工、材料、机械台班消耗量；

④ 计算分项工程规定计量单位消耗量及其人工、材料、机械台班消耗量。

2.3.2.2 定额的换算

定额的换算必须满足：①定额子目规定内容与工程项目内容的一部分不相符，并不是所有不同；②定额中允许换算的才可换算，规定不可以换算的就不能换算。只有同时满足以上两个条件的才能进行定额换算、调整。

要知道定额中是不是允许换算就得看每一个分部开头的定额说明，而换算的实质就是按规定的范围、换算的方法进行换算，最终取得和设计图纸要求的内容一致。如外墙贴面砖灰缝宽分 5mm 以内、10mm 以内、20mm 以内列项，如灰缝宽度大于 20mm、表面砖规格与定额取定不同，其块料及灰缝材料（水泥砂浆 1∶1）用量也须调整，其他不变。

2.3.2.3 定额的换算方法

（1）系数调整法　系数调整法是按定额规定的增减系数调整定额人工、材料、机械的费用，例如，螺旋形的楼梯装饰，按相应弧形楼梯项目：人工、机械定额量乘以系数 1.20；块料材料定额量乘以系数 1.10；整体面层、栏杆、扶手材料定额量乘以系数 1.05。

用系数换算法进行调整很简单，只要将定额基本项目的人工、材料、机械台班的数量乘以定额所规定的系数便可得到调整后的值。

**【例 2.2】** 某楼梯踢脚线定额量下：人工 $X$、材料 $Y$、机械台班 $Z$，则直接工程费为多少？

**【解】** 楼地面工程计算规则规定楼梯踢脚线均按相应定额乘以 1.15 系数计算。

$$\text{人工}=X\times 1.15=1.15X$$

$$\text{材料}=Y\times 1.15=1.15Y$$

$$\text{机械台班}=Z\times 1.15=1.15Z$$

（2）材料品种不同的换算　材料品种不同主要指设计施工图纸中的材料与定额中的材料品种不相同，换算方法是消耗量不变，改变材料的价格。

**【例 2.3】** 某学校建筑的装饰项目，踢脚线用 135mm×20mm 柚木实木做成，求制作 49.72m 踢脚线的柚木用量。

**【解】** 定额中规定：实际使用的材料品种与取定的不符时，可进行换算，其消耗量不变。

$$\text{柚木实木踢脚线}=1.050\times 49.72\times 0.135=7.05\text{m}^2$$

（3）材料规格不同的换算　材料规格不同主要指设计施工图纸中的材料规格与定额取定不同，如铝合金门窗型材规格设计与定额取定不同时，按设计施工图纸要求计算出铝合金的长度，乘以所用铝型材对应系列的线密度，再加 6%的损耗即为项目所用铝型材重量。

(4) 基本项和增减项的换算　定额中用此类方法换算的比较多，如墙、柱面工程中的油漆喷涂遍数按照每增减一遍来换算。

**【例 2.4】** 某商业大厦楼梯采用硬木扶手（不带托），工程量 100m，外表面刷油漆，依次为刷底油、刮腻子粉、色聚氨酯 4 遍，其中人工消耗量和材料消耗量为多少？

**【解】** 计算结果见表 2.2。

**表 2.2　硬木扶手油漆相应耗量**　（计量单位：m）

| 项目名称 | 单位 | 代码 | 5-051 含量 | 5-055 含量 | 合计含量 | 项目消耗量 |
|---|---|---|---|---|---|---|
| 综合人工 | 工日 | 000001 | 0.0710 | 0.0190 | 0.0900 | 9.00 |
| 石膏粉 | kg | AC0760 | 0.0050 | | 0.0050 | 0.50 |
| 豆包布(白布)0.9m 宽 | m | AQ0432 | 0.0010 | | 0.0010 | 0.10 |
| 色聚氨酯漆 | kg | HA0670 | 0.0610 | 0.0200 | 0.0810 | 8.10 |
| 清油 | kg | HA1000 | 0.0020 | | 0.0020 | 0.20 |
| 熟桐油 | kg | HA1860 | 0.0041 | | 0.0041 | 0.41 |
| 催干剂 | kg | HB0010 | 0.0002 | | 0.0002 | 0.020 |
| 油漆溶剂油 | kg | JA0541 | 0.0090 | | 0.0090 | 0.90 |
| 酒精(乙醇) | kg | JA0900 | 0.0003 | | 0.0003 | 0.030 |
| 二甲苯 | kg | JA1730 | 0.0080 | 0.0030 | 0.0110 | 1.10 |
| 漆片 | kg | JA2390 | 0.0002 | | 0.0002 | 0.020 |
| 砂纸 | 张 | AN4950 | 0.0500 | 0.0100 | 0.0600 | 6.00 |

(5) 按比例进行换算　按比例换算是以定额取定值为基准，随设计的增减而成比例的增加或减少材料的用量。例如某建筑物，做干粘玻璃碴面层，用 1∶3 水泥砂浆厚 20mm，则：

调整材料含量＝（设计厚度/定额取定厚度）×定额含量

即水泥砂浆消耗量＝（20mm/18mm）×0.0208$m^3$＝0.0231$m^3$

## 2.3.3 建筑装饰工程定额各分部换算的主要规定

### 2.3.3.1 楼地面工程

① 楼梯踢脚线均按相应定额乘以系数 1.15 计算。

② 圆形点缀镶贴，块料定额量乘以系数 1.15，人工定额量乘以系数 1.20。

2.3.3.2 墙柱面工程

① 女儿墙、阳台楼板内侧抹灰按垂直投影面积乘以系数 1.10，带压顶者乘以系数 1.30。

② 圆弧形、锯齿形、复杂不规则的墙面抹灰或镶贴块料面层，按相应子目人工乘以系数 1.15，材料乘以系数 1.05。

③ 墙柱面工程定额中，木材种类除注明者外，均以一、二类木种为准，如采用三、四类木种时，人工及机械乘以系数 1.30。

④ 弧形幕墙，人工乘以系数 1.10，材料弯曲费另行计算。

2.3.3.3 天棚工程

① 楼梯地面抹灰按水平投影面积乘以系数 1.20 计算。

② 有梁式雨篷底面或顶面抹灰分别按水平投影面积乘以系数 1.20 计算。

③ 板式楼梯按水平投影面积乘以系数 1.15 计算。

④ 木龙骨基层定额是按双向计算的，设计为单向时，人工、材料用量乘以系数 0.550。

⑤ 天棚分平面和跌级，跌级面层人工乘以系数 1.10。

⑥ 天棚轻钢龙骨、铝合金龙骨定额是按双层编制的，如设计为单层套用定额时，人工乘以系数 0.85。

⑦ 天棚面安装直线装饰线条，人工乘以系数 1.34 计算。

⑧ 天棚面安装圆弧装饰线条，人工乘以系数 1.60 计算，材料乘以系数 1.10 计算。

2.3.3.4 门窗及木结构工程

① 铝合金地弹门制作型材按 101.6mm×44.5mm、厚 15mm 制定，单扇平开门、双扇平开窗按 38 系列制定，推拉窗按 90 系列制定。如果实际采用的型材断面及厚度与定额取定规格不符者，可按图示尺寸长度乘以线密度加 6%的施工损耗计算型材重量。

② 木楼梯定额内已包括踢脚板、平台和伸入墙内部分的工料，其工程量以楼梯的水平投影面积乘以系数 1.15 计算，按相应的天棚面层执行。

③ 简支檩长度按设计规定计算，如设计未规定，按搁置檩木的屋架或墙的中心线长增加 20cm 接头计算，两端出山檩木算至博风板。连续檩的檩头长度按设计规定计算，如设计未规定，按全部连续檩总长度的 5%计算。

2.3.3.5 油漆、喷漆、裱糊工程

① 木楼梯油漆按水平投影面积乘以系数 2.3，执行木地板相应子目，楼梯底面另按展开面积计算。

② 定额中的单层木门刷油是按双面刷油考虑的，如采用单面刷油时，其定额含量乘以系数 0.49 计算。

表 2.3 建筑工程费用项目组成表

<table>
<tr><td rowspan="44">建<br>筑<br>工<br>程<br>费</td><td rowspan="20">直接费</td><td rowspan="3">直接工程费</td><td colspan="2">1. 人工费</td></tr>
<tr><td colspan="2">2. 材料费</td></tr>
<tr><td colspan="2">3. 施工机械使用费</td></tr>
<tr><td rowspan="17">措施费</td><td rowspan="4">1. 安全文明施工费</td><td>(1)环境保护费</td></tr>
<tr><td>(2)文明施工费</td></tr>
<tr><td>(3)安全施工费</td></tr>
<tr><td>(4)临时设施费</td></tr>
<tr><td colspan="2">2. 夜间施工费</td></tr>
<tr><td colspan="2">3. 二次搬运费</td></tr>
<tr><td colspan="2">4. 冬雨季施工增加费</td></tr>
<tr><td colspan="2">5. 大型机械设备进出场及安拆费</td></tr>
<tr><td colspan="2">6. 施工排水</td></tr>
<tr><td colspan="2">7. 施工降水</td></tr>
<tr><td colspan="2">8. 地上、地下设施，建筑物的临时保护设施</td></tr>
<tr><td colspan="2">9. 已完工程及设备保护费</td></tr>
<tr><td colspan="2">10. 脚手架</td></tr>
<tr><td colspan="2">11. 混凝土、钢筋混凝土模板及支架费</td></tr>
<tr><td colspan="2">12. 垂直运输机械及超高增加费</td></tr>
<tr><td colspan="2">13. 构件运输及安装费</td></tr>
<tr><td colspan="2">14. 总承包服务费</td></tr>
<tr><td rowspan="20">间接费</td><td rowspan="12">企业管理费</td><td colspan="2">1. 管理人员工资</td></tr>
<tr><td colspan="2">2. 办公费</td></tr>
<tr><td colspan="2">3. 差旅交通费</td></tr>
<tr><td colspan="2">4. 固定资产使用费</td></tr>
<tr><td colspan="2">5. 工具用具使用费</td></tr>
<tr><td colspan="2">6. 劳动保险费</td></tr>
<tr><td colspan="2">7. 工会经费</td></tr>
<tr><td colspan="2">8. 职工教育经费</td></tr>
<tr><td colspan="2">9. 财产保险费</td></tr>
<tr><td colspan="2">10. 财务费</td></tr>
<tr><td colspan="2">11. 税金</td></tr>
<tr><td colspan="2">12. 其他</td></tr>
<tr><td rowspan="8">规费</td><td colspan="2">1. 工程排污费</td></tr>
<tr><td rowspan="3">2. 社会保障费</td><td>(1)养老保障费</td></tr>
<tr><td>(2)医疗保险费</td></tr>
<tr><td>(3)失业保险费</td></tr>
<tr><td colspan="2">3. 住房公积金</td></tr>
<tr><td colspan="2">4. 危险作业意外伤害保险</td></tr>
<tr><td colspan="2">5. 工程定额测定费</td></tr>
<tr><td colspan="2"></td></tr>
<tr><td colspan="4">利润</td></tr>
<tr><td rowspan="3">税金</td><td colspan="3">1. 营业税</td></tr>
<tr><td colspan="3">2. 城市维修建设税</td></tr>
<tr><td colspan="3">3. 教育费附加</td></tr>
</table>

2.3.3.6 防腐、保温、隔热工程

① 平面砌筑双层耐酸块料时，按单层面积乘以系数 2.00 计算。

② 防腐卷材接缝、附加层、收头等人工材料，已计入定额中，不再另行计算。

2.3.3.7 其他分部中的定额换算

① 墙面安装圆弧装饰线条，人工乘以系数 1.20，材料乘以系数 1.10。

② 装饰线条做艺术图案者，人工乘以系数 1.80，材料乘以系数 1.20 计算。

2.3.3.8 装饰脚手架及项目成品保护费项目定额换算

① 室内凡计算了满堂脚手架者，期内墙面粉饰不再计算粉饰脚手架，只按每 100$m^2$ 墙面垂直投影面积增加改架工 1.28 工日。

② 利用主体外脚手架改变其步高做外墙装饰架时，按每 100$m^2$ 外墙面垂直投影面积，增加改架工 1.28 工日。

# 2.4 建筑装饰工程计价定额

建筑装饰工程计价（费用）定额及计算规则规定了工程费用中直接工程费、措施费、规费、利润和税金的取费标准和取费方法，它是装饰工程计费标准主要内容。

## 2.4.1 建筑装饰工程定额费用项目组成

建筑装饰工程定额费用项目是指建筑装饰工程施工阶段的费用项目。建筑装饰工程定额费用由直接费、间接费、利润和税金组成，见表 2.3。

2.4.1.1 直接费

直接费是指在工程施工过程中直接耗费的构成工程实体和有助于工程形成的各项费用。直接费由直接工程费和措施费组成。

（1）直接工程费　直接工程费是指施工过程中耗费的构成工程实体的各项费用，包括人工费、材料费、施工机械使用费。

直接工程费＝人工费＋材料费＋施工机械使用费

① 人工费。人工费是指直接从事建筑安装工程施工的生产工人开支的各项费用，其内容包括：基本工资，工资性补贴，生产工人辅助工资，职工福利费，生产工人劳动保护费。

② 材料费。材料费是指施工过程中耗费的构成工程实体的原材料、辅助材料、构配件、零件、半成品的费用，其内容包括：材料原价，材料运输费，运输损耗费，采购及保管费，检验试验费。

③ 施工机械使用费。施工机械使用费是指施工机械作业所发生的机械使用费以及机械安拆费和场外运输。施工机械台班单位价应由下列 7 项费用组成：折旧费、大修理费、经常修理费、安拆费及场外运费、人工费、燃料动力费、养路费及车船使用税。

(2) 措施项目费　措施费是指为完成工程项目施工，发生于该工程施工前和施工过程中非工程实体项目的费用，包括以下几个方面。

① 安全文明施工费。它包括环境保护费，文明施工费，安全施工费，临时设施费。

② 夜间施工费。夜间施工费是指因夜间施工所发生的夜班补助费、夜间施工降效费、夜间施工照明设备摊销及照明用电费用。

夜间施工费＝拟建工程生产夜间施工降效费＋夜餐补助费＋施工照明费(元)

③ 二次搬运费。二次搬运费是指因施工场地狭小等特殊情况而发生的二次搬运费用。

二次搬运费＝拟建工程主要材料人工装卸费＋搬运工具(机械)摊销费
＋材料搬运损耗费(元)

④ 冬雨季施工增加费。冬雨季施工增加费是指在冬雨季施工期间，为了保证工程质量，采取保温、防护措施所增加的费用，以及因功效和机械作业效率降低所增加的费用。

⑤ 大型机械设备进出场及安拆费。大型机械设备进出场及安拆费是指机械整体或分体自停放场地运至施工现场或一个施工地点运至另一施工地点，所发生的机械进出场运输转移费用及机械在施工现场进行安装、拆卸所需的人工费、材料费、试运转费和安装所需的辅助设施的费用。

⑥ 脚手架费。脚手架费是指施工需要的各种脚手架搭、拆、运输费用及脚手架的摊销（或租赁）费用。

⑦ 混凝土、钢筋混凝土模板及支架费。混凝土、钢筋混凝土模板及支架费是指混凝土施工过程中所需要的各种模板、木模板、支架等的支、拆、运输费用及模板、支架的摊销（或租赁）费用。

混凝土、钢筋混凝土模板及支架费＝按工程量计算出的模板接触面积×模板、支架摊销（或租赁）单价＋一次性安拆费(元)

⑧ 垂直运输机械及超高增加费。垂直运输机械及超高增加费指工程需要的垂直运输机械使用费和建筑物高度超过 20m 时，人工、机械降效等所增加的费用等。

2.4.1.2 间接费

间接费由规费、企业管理费组成。

(1) 规费 规费是指政府和有关权力部门规定必须缴纳的费用。它包括工程排污费、社会保障费、住房公积金、危险作业意外伤害保险、工程定额测定费。

(2) 企业管理费 企业管理费是指建筑安装企业组织施工生产和经营管理所需的费用。

2.4.1.3 利润

利润是指施工企业完成承包工程所获得的盈利。

利润＝（直接工程费＋措施费）×利润率

2.4.1.4 税金

税金是指国家税法规定的应计入建筑工程造价内的营业税、城市维护建设税及教育费附加（简称两税一费）。该费用由工程承包人代收，并按规定及时足额交纳给工程所在地的税务部门。

税金＝税前造价（含利润）×税率

## 2.4.2 建筑装饰工程费率的取值

以云南省建筑工程为例，建筑工程费率取费见表 2.4、表 2.5。

**表 2.4 企业管理费、利润和税金费率表** （单位：%）

| 直接工程费中的人机费 | | 工业、民用建筑工程 | | | 构筑物工程 | | |
|---|---|---|---|---|---|---|---|
| | | Ⅰ | Ⅱ | Ⅲ | Ⅰ | Ⅱ | Ⅲ |
| 企业管理费 | | 39 | 33 | 27 | 33 | 31 | 27 |
| 利润 | | 27 | 21 | 18 | 21 | 18 | 15 |
| 税金 | 市区 | 3.44 | | | | | |
| | 县城、城镇 | 3.38 | | | | | |
| | 市县镇以外 | 3.25 | | | | | |

| 直接工程费中的人机费 | | 单独土石方工程 | | | 桩基础工程 | | | 装饰工程 | | |
|---|---|---|---|---|---|---|---|---|---|---|
| | | Ⅰ | Ⅱ | Ⅲ | Ⅰ | Ⅱ | Ⅲ | Ⅰ | Ⅱ | Ⅲ |
| 企业管理费 | | 27 | 25 | 23 | 30 | 27 | 25 | 32 | 28 | 25 |
| 利润 | | 27 | 24 | 21 | 27 | 24 | 22 | 36 | 32 | 28 |
| 税金 | 市区 | 3.44 | | | | | | | | |
| | 县城、城镇 | 3.38 | | | | | | | | |
| | 市县镇以外 | 3.25 | | | | | | | | |

**表 2.5　措施费、规费费率表**　　(单位:%)

| | | | 建筑工程 | 装饰工程 |
|---|---|---|---|---|
| 措施费 | 安全文明施工费 | 环境保护费 | 0.15 | 1.0 |
| | | 文明施工费 | 0.4 | 0.8 |
| | | 临时设施费 | 1.0 | 14 |
| | | 安全施工费 | 由各市工程造价管理机构核定 | |
| | 夜间施工费 | | 0.7 | 4.2 |
| | 二次搬运费 | | 0.6 | 3.8 |
| | 冬雨季施工增加费 | | 0.8 | 4.7 |
| | 已完工程及设备保护费 | | 0.15 | 0.15 |
| | 总承包服务费 | | 0.3 | |
| 规费 | 工程排污费 | | 按环保部门有关规定计算 | |
| | 社会保障费 | | 按建筑安装工作量2.6%计算 | |
| | 住房公积金 | | 按有关规定计算 | |
| | 危险作业意外伤害保险 | | 按实际工程投保金额计算 | |
| | 工程定额测定费 | | 按各市有关规定计算 | |

**【提示】** 装饰工程已完工程及设备保护费取费基础为价目表，其他项目取费基础均为定额人工费。措施费中人工费含量：夜间施工费增加费、冬雨季施工增加费及二次搬运费为20%，其余为10%。

### 2.4.3　建筑装饰工程费用计算程序

建筑工程费用定额计价的计算程序，见表2.6。

**表 2.6　建筑工程费用定额计价计算程序**

| 序号 | 费用名称 | 计算方法 |
|---|---|---|
| 一 | 直接费 | (一)+(二) |
| | (一)直接工程费 | Σ{工程量×Σ[(定额工日消耗量×人工单价)+(定额材料消耗数量×材料单价)+(定额机械台班消耗数量×机械台班单价)]} |
| | 省价 直接工程费 | Σ(工程量×省基价) |
| | (二)措施费 | 1+2+3 |
| | 1. 参照定额规定计取的措施费 | 按定额规定计算 |
| | 2. 参照省发布费率计取的措施费 | (一)×相应费率 |
| | 3. 按施工组织设计(方案)计取的措施费 | 按施工组织设计(方案)计取 |
| | 其中省价措施费 | 见表下特别提示 |

续表

| 序号 | 费用名称 | 计算方法 |
|---|---|---|
| 二 | 企业管理费 | [(一)+(二)]×管理费费率 |
| 三 | 利润 | [(一)+(二)]×利润率 |
| 四 | 规费 | (一+二+三)×规费费率 |
| 五 | 税金 | (一+二+三+四)×税率 |
| 六 | 建筑工程费用合计 | 一+二+三+四+五 |

特别提示：

参照定额定规计取的措施费是计超高增加费、构件运输及安装费等。

(1) 指建筑工程消耗量定额中列有相应子目或规定有计算方法的措施项目费用，例如混凝土、钢筋混凝土模板及支架、脚手架费、垂直运输机械。(本类中的措施费有些要结合施工组织设计或设计方案计算)。

(2) 参照省发布费率计取的措施费是指按省建设行政主管部门根据建筑市场状况和多数企业管理情况、技术水平等测算发布的参考费率的措施项目费用，包括安全文明施工（含环境保护、文明施工、安全施工、临时设施)、夜间施工、冬雨季施工增加、二次搬运以及已完工程及设备保护等。

(3) 按施工组织设计（方案）计取的措施费是指承包人按施工组织设计（设计方案）计算的措施项目费用，例如大型机械进出场及安拆、施工排水、降水费等。

(4) 省价措施费是指按照省价目表中的人、材、机单价计算的措施费与按照省发布费率及规定计取的措施费之和。

(5) 计算程序中，直接工程费中的“工程量”，不包括消耗量定额第 2 章“地基处理及防护”中排水与降水及定额第 10 章“施工技术措施项目”。

(6) 工业建筑工程中的钢结构工程，檐口高度超过 21m 时，有关费率乘以 1.1 的系数；其他结构工程，檐口高度超过 21m 时，有关费率乘以 1.15 的系数。

(7) 公用建筑遇有空间跨度的展览馆、影剧院（非钢结构工程)，跨度超过 24m 的Ⅰ类工程，有关费率乘以 1.15 的系数；跨度超过 18m 的Ⅱ类工程，有关费率乘以系数 1.08。

## 2.4.4 建筑装饰工程施工图预算书的编制

建筑工程施工图预算，是指在施工图设计阶段，设计全部完成并经过会审之后，工程开工之前，咨询单位或施工单位根据施工图纸、施工组织设计、消耗量定额、各项费用取费标准、建设地区的自然、技术经济条件等资料，预先计算和确定单项工程和单位工程全部建设费用的经济文件。它是建设单位招标和施工单位投标的依据，也是签订工程合同、确定工程造价的依据。

单位工程施工图预算是单项工程施工图预算的组成部分，根据单项工程内容不同可分为建筑工程施工图预算、安装工程施工图预算、装饰工程施工图预算。其内容按装订顺序主要包括：预算书封面、编制说明、取费程序表、单位工程预(结）算表、工程量计算表、工料分析及汇总表等。

### 2.4.4.1 预算书封面

预算书封面有统一的表式，分为建筑、安装、装饰等不同种类。每一单位工程预算用一张封面，在封面空格位置填写相应内容，如结构类型应填写砖混结构、框架结构等；在编写人位置加盖造价师或造价员印章；在公章位置加盖单位公章，预算书即时产生法律效力。预算书封面内容见图 2.2。

工程名称：__________ 工程地点：__________

建筑面积：__________ 结构类型：__________

工程造价：__________ 单方造价：__________

建设单位：__________ 施工单位：__________

（公章） （公章）

审批部门：__________ 编制人：__________

（公章） （公章）

年 月 日

图 2.2 建筑工程预（结）算书封面内容

2.4.4.2 编制说明

每份单位工程预算前面，都列有编制说明。编制说明的内容没有统一的要求，一般包括以下几点。

① 编制依据。

a. 所编预算的工程名称及概况；

b. 采用的图纸名称和编号；

c. 采用的消耗量定额和单位估价表；

d. 采用的费用定额；

e. 按几类工程计取费用；

f. 采用了项目管理实施规划或施工组织设计方案的哪些措施。

② 是否考虑了设计变更或图纸会审记录的内容？

③ 特殊项目的补充单价或补充定额的编制依据。

④ 遗留项目或暂估项目有哪些？并说明其原因。

⑤ 存在的问题及以后处理的方法。

⑥ 其他应说明的问题。

2.4.4.3 取费程序表

按工料单价法计算工程费用，需按取费程序计算各项费用。其取费程序及计算方法见表 2.7。

2.4.4.4 单位工程预（结）算表

单位工程预（结）算表也有标准表式，必须按要求认真填写。定额编号应按分部分项工程从小到大填写，以便于预算的审核。单位应与定额单位统一，工程量保留的位数应按定额要求保留。

单位工程预算表的格式见表 2.7。

**表 2.7 建筑工程费用定额计价计算程序与计算方法**

| 序号 | 费用名称 | 计算方法 |
|---|---|---|
| 一 | 直接费 | |
| | (一)直接工程费 | $\Sigma$工程量×$\Sigma$[(定额工日消耗数量×人工单价)+(定额材料消耗数量×材料单价)+(定额机械台班消耗量×机械台班单价)] |
| | 省价直接工程费 | $\Sigma$(工程量×省基价) |
| | (二)措施费 | 1+2+3 |
| | 1. 参照定额规定记取的措施费 | 按定额规定计算 |
| | 2. 参照省发布的费率记取的措施费 | (一)×相应费率 |
| | 3. 按施工组织设计(方案)记取的措施费 | 按施工组织设计(方案)记取 |
| | 其中省价措施费 | 按工程所在地区规定计价 |
| 二 | 企业管理费 | [(一)+(二)]×管理费费率 |
| 三 | 利润 | [(一)+(二)]×利润率 |
| 四 | 规费 | (一+二+三)×规费费率 |
| 五 | 税金 | (一+二+三+四)×税率 |
| 六 | 建筑工程费用合计 | 一+二+三+四+五 |

### 2.4.4.5 单位工程预（决)算表

单位工程预（决）算表是装饰工程施工企业在所承包的工程全部完工交工之后，与建设单位进行的最终工程价款的结算表。它反映施工企业的实际造价以及还有多少工程款要结清，见表 2.8。

**表 2.8 单位工程预（决）算表**

<table>
<tr><td rowspan="3">定额编号</td><td rowspan="3">项目名称</td><td rowspan="3">单价</td><td rowspan="3">工程量</td><td colspan="2">省定额价</td><td colspan="6">其中</td></tr>
<tr><td rowspan="2">基价</td><td rowspan="2">合价</td><td colspan="2">人工费</td><td colspan="2">材料费</td><td colspan="2">机械费</td></tr>
<tr><td>单价</td><td>合价</td><td>单价</td><td>合价</td><td>单价</td><td>合价</td></tr>
<tr><td></td><td></td><td></td><td></td><td></td><td></td><td></td><td></td><td></td><td></td><td></td><td></td></tr>
<tr><td></td><td></td><td></td><td></td><td></td><td></td><td></td><td></td><td></td><td></td><td></td><td></td></tr>
</table>

### 2.4.4.6 工程量计算表

工程量应采用表格形式进行计算，表格有横开、竖开两种，由于工程量计算式子较大，横开表格比较好用。定额编号和工程名称要与定额一致；单位以个位单位填写；工程量应按宽、高、长、数量、系数列式；如果只有一个式子，其计算结果直接填到工程量栏内即可，等号后面可不写结果；如果有多个分式出现，每个分式后面都应该有结果，工程量合计数填到工程量栏内。工程量计算见表 2.9。

表 2.9　工程量计算表

| 定额编号 | 项目名称 | 计算公式 | 单位 | 工程量 |
| --- | --- | --- | --- | --- |
| | | | | |
| | | | | |

2.4.4.7　工料分析及汇总表

工料分析表的前半部分项目栏的填写，与单位工程预（结）算表基本相同；后半部分从上到下分别填写工料名称及规格、单位、定额单位用量及工料数量。如果格子太小，数字放不下，可沿格子对角线方向斜着写。工料分析表见表 2.10。将每一列的工料数量和计数填到该列最下面的表格内，然后将该页工料合计数汇总到单位工程工料分析汇总表中。单位工程工料分析汇总表见表 2.11。

表 2.10　工料分析表

| 定额编号 | 项目名称 | 单位 | 工程量 | 综合工日 | | 机砖 | | 灰浆搅/拌机 | |
| --- | --- | --- | --- | --- | --- | --- | --- | --- | --- |
| | | | | 工日 | | 千块 | | 台班 | |
| | | | | 定额 | 数量 | 定额 | 数量 | 定额 | 数量 |
| | | | | | | | | | |
| | | | | | | | | | |

表 2.11　单位工程工料分析汇总表

| 序号 | 工料名称 | 规格 | 单位 | 数量 | 备注 |
| --- | --- | --- | --- | --- | --- |
| | | | | | |

## 2.4.5　单位工程施工图预算的编制方法和步骤

编制施工图预算的方法有单价法编制施工图预算和实物法编制施工图预算，下面分别进行介绍。

2.4.5.1　单价法编制施工图预算

单价法是指对于某单项工程，应根据工程所在地区统一单位估价表中的各分项工程综合单价（或预算定额基价），乘以该工程与之对应的各分项工程的工程数量并汇总，即得该单项工程的各个单位工程直接工程费；再以某一单位工程的直接工程费（或人工费）为基数，乘以措施费、间接费、利润和税金等的费率，分别求出所取单位工程的措施费、间接费、利润和税金，将以上各项内容汇总即可得到该单位工程的施工图预算。同理可得该单项工程的其他单位工程施工图预算。将各单位工程的施工图预算汇总即得到该单项工程综合施工图预算，其具体步骤如下。

① 收集编制预算的基础文件和资料。在编制施工图预算书之前，应首先搜集各种依据资料，施工图预算的主要依据资料包括：施工图设计文件、施工组织设计文件、设计概算文件、建筑安装工程消耗量定额、建筑工程费用定额、工程承包合同文件、材料预算价格及设备预算价格表、人工和机械台班单价，以及预算工作手册等文件和资料。

② 熟悉施工图纸设计文件。施工图纸是编制单位工程预算的基础。在编制工程预算之前，必须结合"图纸会审纪要"，对工程结构、建筑做法材料品种及其规格质量、设计尺寸等进行充分熟悉和详细审查。如发现问题，预算人员有责任及时向设计部门和设计人员提出修改意见，其处理结果应取得设计签认，作为编制预算的依据。当遇到设计图纸和说明书的规定与消耗量定额规定不同时，要详细记录下来，以便编制施工图预算书时进行调整和补充。

③ 熟悉施工组织设计和施工现场情况。施工组织设计是由施工单位根据工程特点、建筑工地的现场情况等各种有关条件编制的。它与施工图预算的编制有密切关系。预算人员必须熟悉施工组织设计，对分部分项工程施工方案和施工方法、预制构件的加工方法、运输方式和运距、大型预制构件的安装方案和起重机选择、脚手架形式和安装方法、生产设备订货和运输方式等与编制预算有关的内容都应该了解清楚。

预算人员还必须掌握施工现场的实际情况。例如，场地平整状况，土方开挖和基础施工状况，工程地质和水文地质状况，主要建筑材料、构配件和制品的供应状况，以及施工方法和技术组织措施的实施状况。这对单位工程预算的准确性影响很大。

④ 划分工程项目与计算工程量。合理划分工程项目，工程项目的划分主要取决于施工图纸的要求、施工组织设计所采用的方法和消耗量定额规定的工程内容。一般情况下，项目内容、排列顺序和计量单位均应与消耗量定额一致。只要给不仅能够避免重复和漏项，也有利于选套消耗量定额和确定分项工程单价。正确计算工程量：工程量计算一般采用表格形式，即根据划分的工程项目，按照相应工程量计算规则，逐个计算出各个分项工程的工程量。

⑤ 套用预算定额单价。工程量计算完毕并核对无误后，用所得到分部分项工程量与单位估价表中相应的定额基价相乘后汇总，便可求出单位工程的直接工程费。

⑥ 编制工料分析表。根据各分部分项工程的实物工程量和建筑工程消耗量定额，计算出各分部分项工程所需的人工及材料数量，相加汇总便可得出单位工程所需的各类人工和材料的数量。

⑦ 计算各项费用。按定额计价程序计算各项费用并汇总，计算出单位工程总造价。

⑧ 复核计算

⑨ 编制说明、填写封面并装订。

【提示】 施工图预算书一般应编写说明，主要用来叙述所编制的工程预算，在预算工程项目上所表达不了的，而又需要使用审核或使用预算单位知道的内容。预算书封面是一份重要的提要，如建筑面积、总造价、单方造价、工程名称、施工单位、建设单位等一目了然。在编制人位置加盖造价师或造价员印章，在公章位置加盖单位公章，预算书即成为一份具有法律效力的经济文件。

2.4.5.2 实物法编制施工图预算

实物法是指对于某单项工程，应根据工程所在地区统一预算定额，先计算出该工程的各个分项工程的实物工程量，并分别套用预算定额，按类相加，求出各单位工程所需的各种人工、材料、施工机械台班的消耗量；再分别乘以当时当地各种人工、材料、施工机械台班的市场单价，求得各单位工程的人工费、材料费和施工机械使用费，汇总求和得各单位工程的直接工程费。各单位工程的措施费、间接费、利润和税金等费用的计算方法均与单价法相同，可得各单位工程的施工图预算。最后将各单位工程的施工图预算汇总即得该单项工程综合施工图预算。其具体步骤如下。

① 收集编制预算的基础文件和资料。

② 熟悉施工图设计文件。

③ 熟悉施工组织设计和施工现场情况。

④ 划分工程项目与计算工程量。

⑤ 套用建筑工程消耗量定额求出个分项人工、材料、机械台班消耗量。

工程量计算后，套用相应预算人工、材料、机械台班定额，求出各分项工程人工、材料、机械台班消耗量并汇总单位工程所需各类人工工日、材料、机械台班的消耗量。

⑥ 按当地当时的人工、材料、机械单价、汇总人工费、材料费和机械费。

【提示】 在市场经济条件下，人工、材料、机械台班单价是随市场而变化的，而且它们是影响工程造价最活跃、最重要的因素。用实物法编制施工图预算，是采用工程所在地的当时人工、材料、机械台班价格，较好地反映实际价格水平，使工程造价的准确性较高。

⑦ 计算各项费用。

⑧ 复核计算。

⑨ 编制说明、填写封面并装订。

### 2.4.6 建筑装饰工程工程量清单计价

工程量清单计价是按照《建设工程工程量清单计价规范》有关规定，并依据各地编制的建设装饰工程消耗定额、市场材料价格信息和费用计算标准，以及招标人提供的工程数量，投标人自主报价的一种计价方式。

工程量清单由具有编制能力的招标人或受其委托，依据相应资质的工程造价咨询人编制。采用工程量清单方式招标，工程量清单应作为招标文件的组成部分，其准确性和完整性由招标人负责。工程量项目清单是工程量项目清单计价的基础，应作为标准招标控制价、投标报价、计算工程量、支付工程款、调整合同价款、办理竣工决算以及工程索赔等的依据。

2.4.6.1 工程量清单计价的组成

工程量清单计价应由分部分项工程量清单、措施项目清单、规费项目清单、税金项目清单组成。

2.4.6.2 工程量清单的编制依据

① 国家或省级、行业建设主管部门颁发的计价依据和办法。

② 装饰工程设计文件。

③ 装饰工程项目有关的标准、规范、技术资料。招标文件及其补充通知、答疑纪要。

④ 施工现场情况、工程特点及常规方案。

⑤ 其他相关资料。

2.4.6.3 工程量清单的编制内容

（1）分部分项工程量清单的编制内容 应包括项目编码、项目名称、项目特征、计量单位和工程量。

分部分项工程量清单的项目编码应采用12位阿拉伯数字表示。1至9位应按《建设工程量清单计价规范》附录的规定设置，10至12位应根据拟建工程的工程量清单项目名称设置，统一招标工程的项目编码不得有重码。

分部分项工程量清单中所列工程量应按《建设工程工程量清单计价规范》附录中规定的工程量计算规则计算。

分部分项工程量清单项目特征应按《建设工程工程量清单计价规范》附录中规定的项目特征，结合拟建工程项目的实际予以描述。

（2）措施项目清单的编制内容 措施项目清单应根据拟建工程大的实际情况列表。

通用措施项目包括：安全文明施工（含环境保护、文明施工、安全施工、临时设施）；夜间施工；二次搬运；冬雨季施工；大型机械设备进出场及安拆；施工排水；施工降水；地上、地下设施，建筑物的临时保护设施；已完工程及设备保护等内容。

专业工程的措施项目可按《建设工程工程量清单计价规范》附录中规定的项目选择列项，如建筑工程包括混凝土、钢筋混凝土模板及支架、脚手架、垂直运输机械等；装饰装修工程包括脚手架、垂直运输机械及室内空气污染测试等。若出现计价规范未列的项目，可根据工程实际情况进行补充。

措施项目中可以计算工程量的项目清单宜采用分部分项工程量清单的方式编制，列出项目编码、项目名称、项目特征、计量单位和工程量计算规则；不能计算工程量的项目清单，以“项”为计量单位。

(3) 其他项目清单的编制内容

① 其他项目清单宜按照下列内容列项：暂列金额、暂估价（包括材料暂估价、专业工程暂估价）、计日工（包括用于计日工的人工、材料、施工机械）、总承包服务费。

② 出现上述第①条未列的项目，可根据工程实际情况进行补充。

(4) 规费项目清单的编制内容

① 规费项目清单应按照下列内容列项：工程排污费、工程定额测定费、社会保障费（包括养老保险费、失业保险费、医疗保险费）、住房公积金、危险作业意外伤害保险。

② 出现上述第①条未列的项目，应根据省级政府或省级有关权力部门的规定进行列项。

(5) 税金项目清单的编制内容

① 税金项目清单应包括下列内容：营业税、城市维护建设税和教育费附加。

② 出现上述第①条未列的项目，应根据税务部门的规定进行列项。

2.4.6.4 工程量清单的编制格式

(1) 封面的填写（图 2.3）

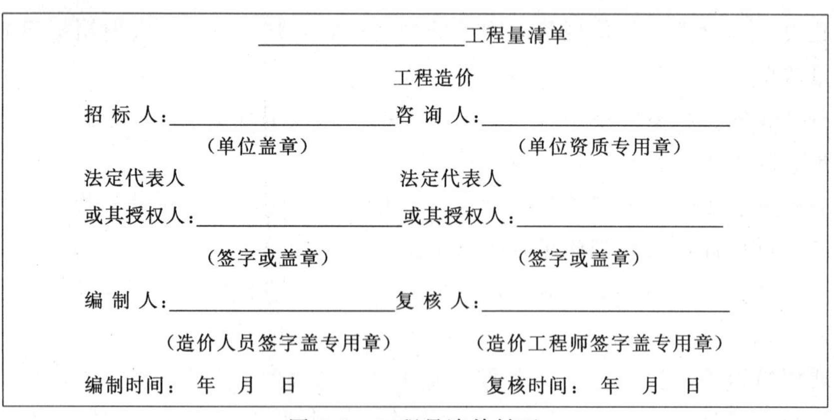
______________工程量清单

工程造价

招 标 人：______________ 咨 询 人：______________

（单位盖章）　　（单位资质专用章）

法定代表人　　法定代表人

或其授权人：______________ 或其授权人：______________

（签字或盖章）　　（签字或盖章）

编 制 人：______________ 复 核 人：______________

（造价人员签字盖专用章）　　（造价工程师签字盖专用章）

编制时间：　年　月　日　　复核时间：　年　月　日

图 2.3　工程量清单封面

**【提示】** 封面应按规定的内容填写、签字、盖章，造价员编制的工程量清单应有负责审核的造价工程师签字、盖章。

(2) 总说明的编制（表 2.12）

表 2.12 工程量清单总说明

工程名称： 第 页 共 页

| 总说明应按下列内容填写。<br>(1)工程概况：如建设地点、建设规模、工程特征、计划工期、施工现场实际情况、自然地理条件、环境保护要求等。<br>(2)工程招标和分包范围。<br>(3)工程量清单编制依据，如采用的标准、施工图纸、标准图集等。<br>(4)工程质量、材料、施工等的特殊要求。<br>其他需要说明的问题 |
|---|

(3) 分部分项工程量清单与计价表的编制（表 2.13）

表 2.13 分部分项工程量清单与计价表

工程名称： 标段： 第 页 共 页

| 序号 | 项目编码 | 项目名称 | 项目特征 | 计量单位 | 工程量 | 金额/元 | | |
|---|---|---|---|---|---|---|---|---|
| | | | | | | 综合单价 | 合价 | 其中：暂估价 |
| | | | | | | | | |
| | | | | | | | | |
| | | | | | | | | |
| | | | | | | | | |
| 本页小计 | | | | | | | | |
| 合 计 | | | | | | | | |

注：(1) 本清单中的项目编码、项目名称、项目特征、计量单位及工程数量应根据清单计价办法“分部分项工程量清单项目设置及其消耗量定额”表进行编制，是拟建工程分项“实体”工程项目及相应数量的清单，编制时应执行“五统一”的规定，不得因情况不同而变动。

(2) 工程量清单编制时，清单项目名称应结合拟建工程实际，按清单计价办法“分部分项工程量清单项目设置及其消耗量定额”表中的相应项目名称填写，将拟建工程项目的具体特征，根据要求填写在其中。

(3) 分部分项工程量清单中的工程数量应按“分部分项工程量清单项目设置及其消耗量定额”表中“工程数量”栏内规定的计算方法进行计算。

工程数量的有效位数应遵循下列规定：

① 以“t”为单位，应保留小数点后三位数字，第四位四舍五入。

② 以“$m^3$”、“$m^2$”、“m”为单位，应保留小数点后两位数字，第三位四舍五入。

③ 以“个”、“项”等为单位，应取整数。

(4) 措施项目清单与计价表的编制（表 2.14 和表 2.15）

**表 2.14 措施项目清单与计价表（一）**

工程名称：　　　　　　　　　　标段：　　　　　　　　　　第　页　共　页

| 序号 | 项目名称 | 计算基础 | 费率/% | 金额/元 |
|---|---|---|---|---|
| 1 | 安全文明施工费 | | | |
| 2 | 夜间施工费 | | | |
| 3 | 二次搬运费 | | | |
| 4 | 冬雨季施工 | | | |
| 5 | 大型机械设备进出场及安拆费 | | | |
| 6 | 施工排水 | | | |
| 7 | 施工降水 | | | |
| 8 | 地上、地下设施及建筑物的临时保护设施 | | | |
| 9 | 已完工程及设备保护 | | | |
| 10 | 各专业工程的措施项目 | | | |
| 11 | | | | |
| 12 | | | | |
| 合　计 | | | | |

注：措施项目清单是指为了完成工程项目施工，发生于该工程施工前或施工过程中的非工程实体项目和相应的清单，包括技术、安全、生活等方面的相关实体项目。清单计价办法“措施项目清单项目设置及其消耗量定额（计价办法）”表中列出了措施项目，编制措施项目清单时，应结合拟建工程实际进行选用。

**表 2.15 措施项目清单与计价表（二）**

工程名称：　　　　　　　　　　标段：　　　　　　　　　　第　页　共　页

| 序号 | 项目编码 | 项目名称 | 项目特征 | 计量单位 | 工程量 | 金额/元 | |
|---|---|---|---|---|---|---|---|
| | | | | | | 综合单价 | 和价 |
| | | | | | | | |
| | | | | | | | |
| | | | | | | | |
| 本页小计 | | | | | | | |
| 合　计 | | | | | | | |

（5）其他项目清单与计价表的编制（表 2.16～表 2.21）

**表 2.16 其他项目清单与计价汇总表**

工程名称：　　　　　　　　　　标段：　　　　　　　　　　第　页　共　页

| 序号 | 项目名称 | 计量单位 | 金额/元 | 备　注 |
|---|---|---|---|---|
| 1 | 暂列金额 | | | 明细详见表 2.17 |
| 2 | 暂估价 | | | |
| 2.1 | 材料暂估价 | | | 明细详见表 2.18 |
| 2.2 | 专业工程暂估价 | | | 明细详见表 2.19 |
| 3 | 计日工 | | | 明细详见表 2.20 |
| 4 | 总承服务费 | | | 明细详见表 2.21 |
| | | | | |
| 合　计 | | | | |

**表 2.17 暂列金额明细表**

工程名称： 标段： 第 页 共 页

| 序号 | 项目名称 | 计量单位 | 金额/元 | 备 注 |
|---|---|---|---|---|
| 1 | | | | 例如："钢结构雨篷项目设计图纸有待完善" |
| 2 | | | | |
| 3 | | | | |
| 4 | | | | |
| 5 | | | | |
| | | | | |
| 合 计 | | | | |

**表 2.18 材料暂估单价表**

工程名称： 标段： 第 页 共 页

| 序号 | 材料名称、规格、型号 | 计量单位 | 单价/元 | 备 注 |
|---|---|---|---|---|
| 1 | | | | |
| 2 | | | | |
| 3 | | | | |
| 4 | | | | |
| 5 | | | | |
| | | | | |

**表 2.19 专业工程暂估价表**

工程名称： 标段： 第 页 共 页

| 序号 | 工程名称 | 工程内容 | 金额/元 | 备 注 |
|---|---|---|---|---|
| 1 | | | | 例如："消防工程项目设计图纸有待完善" |
| 2 | | | | |
| 3 | | | | |
| 4 | | | | |
| 5 | | | | |
| 6 | | | | |
| | | | | |
| 合 计 | | | | |

注：此表由招标人填写，投标人应将上述专业工程暂估价计入投标总价中。

**表 2.20 计日工表**

工程名称： 标段： 第 页 共 页

| 序号 | 项目名称 | 单位 | 暂定数量 | 综合单价 | 合价 |
|---|---|---|---|---|---|
| 一 | 人工 | | | | |
| 1 | | | | | |
| 2 | | | | | |
| | | | | | |
| 人工小计 | | | | | |
| 二 | 材料 | | | | |
| 1 | | | | | |
| 2 | | | | | |
| | | | | | |
| 三 | 施工机械 | | | | |
| 1 | | | | | |
| 2 | | | | | |
| | | | | | |
| 施工机械小计 | | | | | |
| 合计 | | | | | |

表 2.20 暂定项目、数量由招标人填写，编制招标控制价、单价由招标人按有关计划价规定确定。

编制投标报价时，工程项目、数量按招标人提供数据计算，单价由投标人自主报价，计入投标总价中。

**表 2.21 总承包服务费计价表**

工程名称： 标段： 第 页 共 页

| 序号 | 项目名称 | 项目价值/元 | 服务内容 | 费率/% | 金额 |
|---|---|---|---|---|---|
| 1 | 发包人发包专业工程 | | | | |
| 2 | 发包人供应材料 | | | | |
| | | | | | |
| | | | | | |
| | | | | | |
| 合计 | | | | | |

**【提示】** 编制工程量清单时，招标人应将拟定进行专业分包的专业工程、自行采购的材料设备等决定清楚，填写项目名称、项目价值、服务内容，以便投标人决定报价。

编制招标控制价时，招标人按有关计价规定计价。

编制投标报价时，由投标人根据工程量清单中的总承包服务内容，自主决定报价。

（6）规费、税金项目清单与计价表的编制（表2.22）

**表2.22 规费、税金项目清单与计划表**

工程名称： 标段： 第 页 共 页

| 序号 | 项目名称 | 计算基础 | 费率/% | 金额/元 |
|---|---|---|---|---|
| 1 | 规费 | | | |
| 1.1 | 工程排污费 | | | |
| 1.2 | 社会保障费 | | | |
| (1) | 养老保险费 | | | |
| (2) | 失业保险费 | | | |
| (3) | 医疗保险费 | | | |
| 1.3 | 住房公积金 | | | |
| 1.4 | 危险作业意外伤害保险 | | | |
| 1.5 | 工程定额测定费 | | | |
| 2 | 税金 | 分部分项目工程费＋措施项目费＋其他项目费＋规费 | | |
| 合计 | | | | |

（7）单项工程招标控制价汇总表的编制（表2.23）

**表2.23 单项工程招标控制价汇总表**

工程名称： 标段： 第 页 共 页

| 序　号 | 汇总内容 | 金额/元 | 其中：暂估价 |
|---|---|---|---|
| 1 | 分部分项工程 | | |
| 1.1 | | | |
| 1.2 | | | |
| … | …… | | |
| 2 | 措施项目 | | |
| 2.1 | 其中：安全文明施工 | | |
| 3 | 其他项目 | | |
| 3.1 | 其中：暂列金额 | | |
| 3.2 | 其中：专业工程 | | |
| 3.3 | 其中：计日工 | | |
| 3.4 | 其中：总承包服务 | | |
| 4 | 规费 | | |
| 5 | 税金 | | |
| 招标控制价合计＝1＋2＋3＋4＋5 | | | |

(8) 工程量清单综合单价分析表（表 2.24）

**表 2.24 工程量清单综合单价分析表**

工程名称： 标段： 第 页 共 页

<table>
<tr><td colspan="2">项目编码</td><td colspan="2"></td><td colspan="2">项目名称</td><td colspan="2"></td><td colspan="2">计量单位</td><td colspan="2"></td></tr>
<tr><td colspan="12">清单综合单价组成明细</td></tr>
<tr><td rowspan="2">定额编号</td><td rowspan="2">定额名称</td><td rowspan="2">定额单位</td><td rowspan="2">数量</td><td colspan="4">单 价</td><td colspan="4">合 价</td></tr>
<tr><td>人工费</td><td>材料费</td><td>机械费</td><td>管理费和利润</td><td>人工费</td><td>材料费</td><td>机械费</td><td>管理费和利润</td></tr>
<tr><td></td><td></td><td></td><td></td><td></td><td></td><td></td><td></td><td></td><td></td><td></td><td></td></tr>
<tr><td></td><td></td><td></td><td></td><td></td><td></td><td></td><td></td><td></td><td></td><td></td><td></td></tr>
<tr><td colspan="2">人工单价</td><td colspan="6">小计</td><td colspan="4"></td></tr>
<tr><td colspan="2">元/工日</td><td colspan="6">未计价材料费</td><td colspan="4"></td></tr>
<tr><td colspan="12">清单项目综合单价</td></tr>
<tr><td rowspan="5">材料费用明细</td><td colspan="5">主要材料名称、规格、型号</td><td>单位</td><td>数量</td><td>单价/元</td><td>合价/元</td><td>暂估价/元</td><td>暂估价/元</td></tr>
<tr><td></td><td></td><td></td><td></td><td></td><td></td><td></td><td></td><td></td><td></td><td></td></tr>
<tr><td></td><td></td><td></td><td></td><td></td><td></td><td></td><td></td><td></td><td></td><td></td></tr>
<tr><td colspan="7">其他材料费</td><td>—</td><td></td><td>—</td><td></td></tr>
<tr><td colspan="7">材料费总计</td><td>—</td><td></td><td>—</td><td></td></tr>
</table>

工程量清单计价项目应包括按招标文件规定，完成清单所列项目的全部费用，由投标人根据清单计价办法进行编制。它由分部分项工程量清单计价、措施项目清单计价、其他项目清单计价、规费和税金项目清单计价组成。分部分项工程量清单应采用综合单价法计价。

## 2.5 小结

本章主要介绍了建筑装饰工程定额的编制原理、分类及其方法。

① 装饰工程定额是指在一定施工技术与建筑艺术创作条件下为完成一定计量单位的合格装饰产品，所必须消耗的人工、材料、机械台班的数量标准。

定额一经制定，便具有法令强制性，建筑装饰定额同建筑工程定额一样具有科学性、法令性、先进性、群众性和时效性。

② 定额的分类主要是按定额生产组成要素分、按工程阶段用途分和按管理层次分。在学习时应该重点掌握组成要素和用途分类的方法。

③ 装饰工程消耗定额是本章节的重点内容，学生在学习时应全面掌握，因

为本章也是学好装饰工程预算的基础。其中装饰工程消耗量定额的应用主要有两个方面的内容：一方面是利用定额求出各分项工程所需要的劳动、材料、机械台班的数量后汇总得出单位工程的总耗量；另一方面是根据工程清单项目的工程量，利用定额查找相应的人、材、机的数值，完成工程量清单计价的内容。

④ 详细介绍了装饰工程定额的套用方法及定额的换算，这些不仅是本章的重点，也是本章的难点，因此，在学习过程中一定要认真去领会。

⑤ 介绍了装饰工程定额计价和工程量清单计价办法，为编制单位工程施工图预算文件打下良好的基础。

# 3 建筑装饰工程施工图预算编制

## 3.1 建筑装饰工程定额工程量计算

建筑装饰工程定额工程量计算主要包括两个方面的内容：一是工程量计算，二是价格的计算。现就某地区装饰工程计量与计价定额及其规定介绍如下。

### 3.1.1 楼地面工程

楼地面工程是建筑物的重要组成部分，是底层地面和楼层地面（楼面）的总称。

3.1.1.1 楼地面工程的分类

(1) 按面层材料及施工方法分　可分为整体面层地面和块料面层地面。

(2) 按楼地面的热工性能分　分为暖性楼地面和凉性楼地面。

(3) 按对楼地面的特殊使用要求分　可分为耐腐蚀楼地面、不发火楼地面、防水楼地面等。

(4) 定额项目划分

《全国统一建筑工程基础定额预算基价》中楼地面工程的定额项目划分见表3.1。

依据表3.1划分内容看，楼地面应包括了整体面层、块料面层及楼梯、木地板、栏杆、栏板、扶手等。楼地面工程中地面构造一般为面层、垫层和基层（素土夯实）；楼层地面构造一般为面层、填充层和楼板。当地面和楼层地面的基本构造不能满足使用或构造要求时，可增设结合层、隔离层、填充层、找平层等其他构造层次（图3.1）。

3.1.1.2 楼地面的组成

地层（或称地坪）的基本构造层次为面层、找平层、垫层和地基；楼层的基本构造层次为面层、找平层和基层。

**表 3.1 定额划分项目一览表**

| 节 | | 分节 | 定额项目/个 |
|---|---|---|---|
| 一 | | 垫层 | 17 |
| 二 | | 找平层 | 5 |
| 三 | | 整体面层 | 27 |
| 四 | 块料面层 | 1. 大理石 | 7 |
| | | 2. 花岗岩 | 7 |
| | | 3. 汉白玉、预制水磨石块 | 8 |
| | | 4. 彩釉砖 | 10 |
| | | 5. 水泥花砖 | 3 |
| | | 6. 缸砖 | 9 |
| | | 7. 陶瓷锦砖 | 7 |
| | | 8. 拼碎块料 | 3 |
| | | 9. 红(青)砖 | 4 |
| | | 10. 凸凹假麻面砖 | 3 |
| | | 11. 激光玻璃块料面酸洗打蜡 | 4 |
| | | 12. 塑料、橡胶板 | 5 |
| | | 13. 地毯及附件 | 7 |
| | | 14. 木地板 | 12 |
| | | 15. 防静电活动地板 | 2 |
| 五 | 栏杆扶手 | 1. 铝合金管扶手 | 5 |
| | | 2. 不锈钢管扶手 | 5 |
| | | 3. 塑料钢管扶手 | 4 |
| | | 4. 硬木扶手 | 3 |
| | | 5. 靠墙扶手 | 5 |

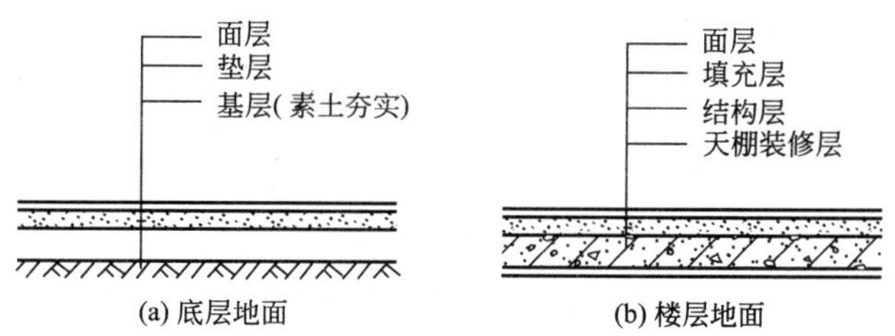


图 3.1 楼地面构造图

3.1.1.3 楼地面工程量的计算规则

(1) 垫层

地面垫层工程量，按室内主墙间净面积乘以设计厚度以体积 $m^3$ 计算。应扣除凸出地面的构筑物、设备基础、室内管道、地沟等所占体积，不扣除柱、垛、间壁墙、附墙烟囱及面积在 $0.3m^2$ 以内孔洞所占体积。可用计算式表达如下：

地面垫层工程量＝室内主墙间净面积×垫层设计厚度－应扣除体积

在计算垫层工程量时，要注意砂石垫层应区别人工级配或天然级配分别计算；碎砖垫层、砾层应区别干铺或灌浆分别计算；炉渣垫层应区分干铺或浆拼分别计算。

(2) 找平层

找平层工程量，按主墙间空面积以 $m^2$ 计算。应扣除凸出地面的构筑物、设备基础、室内管道、地沟等所占面积，不扣除柱、垛、间壁墙、附墙烟囱及面积在 $0.3m^2$ 以内的孔洞所占面积，但门洞、空圈、暖气包槽、壁龛的开口部分亦不增加。不同找平层材料、不同找平层厚度、找平层铺设在何种基层上应分别计算工程量。计算式表达如下：

找平层工程量＝面层工程量

(3) 整体面层

水泥砂浆、水磨石、水泥豆石浆及菱苦土面工程量，均按室内主墙间净空面积以 $m^2$ 计算。计算式表达如下：

整体面层工程量＝室内主墙间净面积

在算整体面层工程量时，凸出地面的构筑物、设备基础、室内管道、地沟、大于 $0.3m^2$ 孔洞所占面积应扣除，不扣除柱、垛、间壁墙、附墙烟囱及面积在 $0.3m^2$ 以内孔洞所占面积，门洞、空圈、暖气包槽、壁龛的开口部分也不增加。

(4) 块料面层

块料面层工程量，按图示尺寸实铺面积以平方米计算。门洞、空圈、暖气包槽和壁龛开口部分工程量并入相应的面层计算。

板块材料、粘贴材料不同时应分别计算其工程量。

砖块材料、粘贴材料不同时应分别计算其工程量。

块料面酸洗打蜡，按所打蜡的块料面层的面积计算工程量。

地毯按不同固定方法、层数应分别计算其工程量。

木地板仅指地板面层的面积，不计算毛地板面积。对于不同木地板品种、铺设基层、木地板拼缝形式应分别计算其工程量。

防静电活动地板按木质、铝质分别计算其工程量。

石材底面刷养护液按底面面积加四个侧面面积计算。

在计算水磨石地面工程量时，主要区分是否嵌条、分格调色、彩色镜面，不同时应分别计算，并分别执行定额。

(5) 楼梯面层

楼梯面层可分为整体面层和块料面层。无论采用何种方式和材料，其楼梯面层工程量（包括踏步、平台以及小于 300mm 宽的楼梯井）均按水平投影面积计算。

楼梯整体面层不包括防滑条、侧面及板底的抹灰。

楼梯装饰面层不包括踢脚线、牵边、侧面装饰，牵边和侧面装饰另按展开面积套零星项目计算。

混凝土楼梯贴木地板饰面时，按展开面积计算，套用木地板相应子目。

(6) 台阶面层

台阶面层工程量按水平投影面积计算。

所谓最上一层踏步沿 300mm，是指底层外门前台阶的面层而言的，即门前台阶面层的工程量计算至最上一步台阶的上沿加 300mm，其他部分则按平台并入地面计算，如图 3.2 所示。

$$台阶工程量=台阶长\times踏步宽\times步数=L\times B\times 4$$

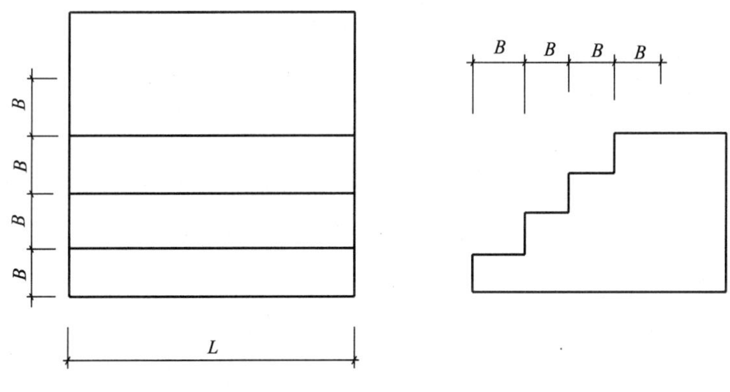


图 3.2　台阶示意图

(7) 踢脚板面层

① 水泥砂浆、水磨石踢脚板工程量，按延长米计算，门洞、空圈长度不予扣除，洞口空圈、垛、附墙烟囱等侧壁亦不增加。

② 块料踢脚板、塑料踢脚板、木踢脚板工程量，均按踢脚板的实际长度计算。

③ 300mm 内为踢脚线，超过 300mm 的为墙裙。

④ 楼梯踢脚线均按相应定额乘以系数 1.15 计算。

(8) 散水、防滑坡道面

① 混凝土散水面层含一次抹光厚 60mm，工程量按图示尺寸以面积 $m^2$ 计算，即散水中心线长度乘以散水宽度。

② 水泥砂浆防滑坡道工程量按坡道的斜面面积以 $m^2$ 计算。

(9) 防滑条

防滑条工程量，按楼梯踏步两端距离减 300mm 以延米计算，不同材料应分别计算其工程量。

(10) 明沟

明沟按其使用材料分混凝土明沟和砖明沟，砖明沟沿有靠墙和离墙明沟之分。工程量按图示尺寸以延米计算，并分别不同材料执行相应定额。

(11) 栏杆、扶手 (图 3.3)

① 铝合金管扶手。铝合金管扶手的工程量，包括弯头展开的长度，按图示尺寸以延米计算。不同栏板、栏杆材料应分别计算其工程量。弯头安装的工程量按个数计算。

② 不锈钢管扶手。不锈钢管扶手工程量，包括弯头展开长度，按图示尺寸以延米计算。不同栏板、栏杆材料应分别计算其工程量。弯头安装工程量按个数计算。

③ 塑料、钢管扶手。塑料、钢管扶手工程量，包括弯头展开长度，按图示尺寸以延米计算，弯头安装工程量按个数计算。

④ 硬木扶手。硬木扶手工程量，不包括弯头长度，按图示尺寸以延米计算，硬木弯头制作安装工程量，按弯头的个数计算。不同栏杆应分别计算工程量，分别执行定额相应子目。

⑤ 靠墙扶手。靠墙扶手工程量，包括弯头长度，按图示尺寸以延米计算，不同扶手应分别计算工程量，分别执行定额相应子目。扶手长度计算公式如下：

楼梯扶手长度=(每层水平投影长度×斜长系数+弯头延米)
　　×(层数－1) +顶层水平投影长度其中：斜长系数=1.15

(12) 点缀

点缀按个进行计算，圆形点缀镶贴，块料定额量乘以系数 1.15，人工定额量乘以系数 1.20。

块料面层拼图案项目，其图案材料定额按成品考虑。图案按最大几何尺寸算至外边线。图案外边线以内周边异形块料的铺贴，套用相应块料面层铺贴项目及图案周边异形块料铺贴另加工料项目。周边异形铺贴材料的损耗率，应根据现场实际情况，并入相应块料面层铺贴项目内。套用该定额项目时，注意：计算范围为“按最大几何尺寸算至图案外边线”，指铺贴图案所影响规格块料的最大范围；图案和图案周边异形块料工程量应分别计算；图案周边异形块料的消耗率应根据工程具体情况进行计算。

**【提示】** 应注意地面点缀与块料面层拼图案的区别，如图 3.4、图 3.5 所示。

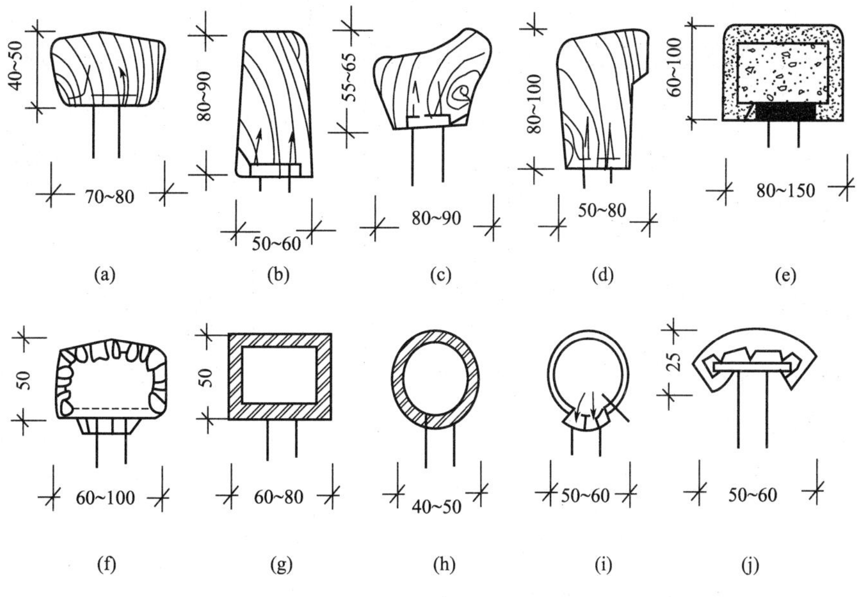


图 3.3　楼梯扶手的种类

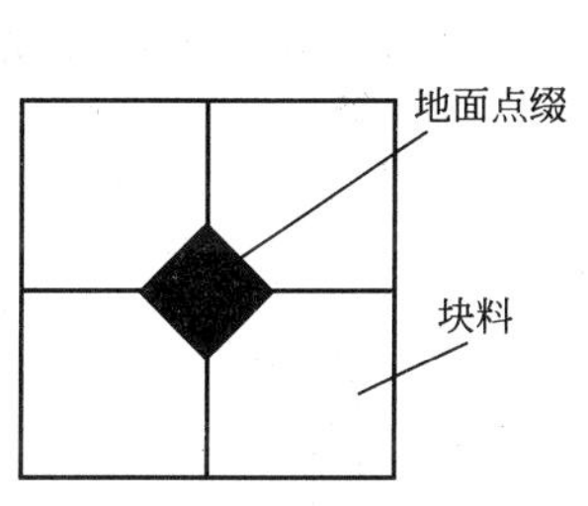


图 3.4　楼地面点缀

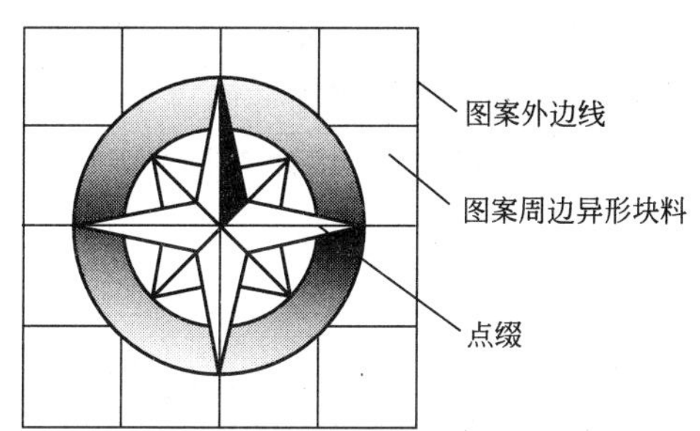


图 3.5　拼花图

3.1.1.4　工程案例分析

**【例 3.1】** 按图 3.6 计算以下分项工程的工程量：(1) 素土夯实；(2) 地面现浇 C10 混凝土垫层；(3) 地面 1∶3 水泥砂浆面层。

**【解】** (1) 计算基数

建筑面积：$S_{建}$＝18.24×9.24＝168.54$m^2$

外墙中心线长：$L_{中}$＝(18＋9)×2＝54m

内墙净长线：$L_{内}$＝(9－0.24)×2＝17.52m

主墙间净面积：$S_{净}$＝168.54－(54＋17.52)×0.24＝151.38$m^2$

(2) 计算工程量

素土夯实：151.38$m^2$

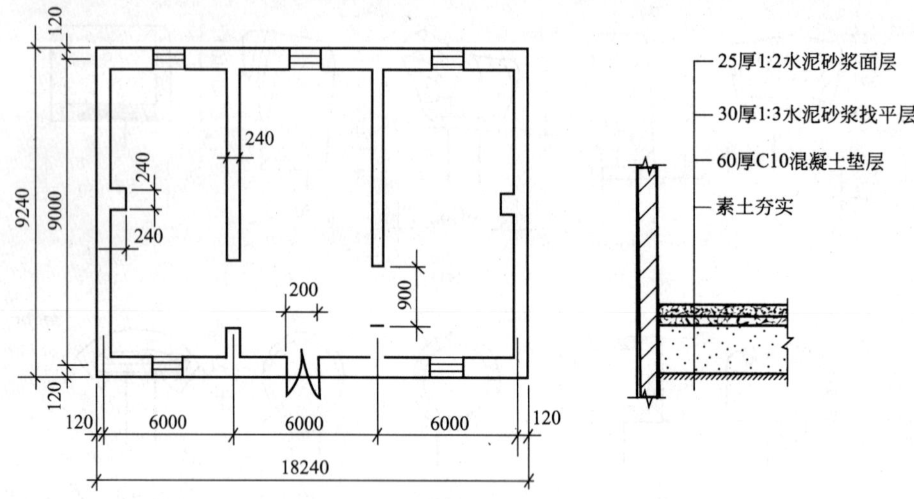


图 3.6　施工平面布置图

现浇 C10 混凝土地面垫层：151.38×0.06＝9.08$m^2$

地面 1∶3 水泥砂浆找平层：151.38$m^2$

地面 1∶2 水泥砂浆面层：151.38$m^2$

**【例 3.2】** 某房屋平面如图 3.7 所示，室内水泥砂浆粘贴 200mm 高预制水磨石踢脚板（图 3.8），试计算其工程量。

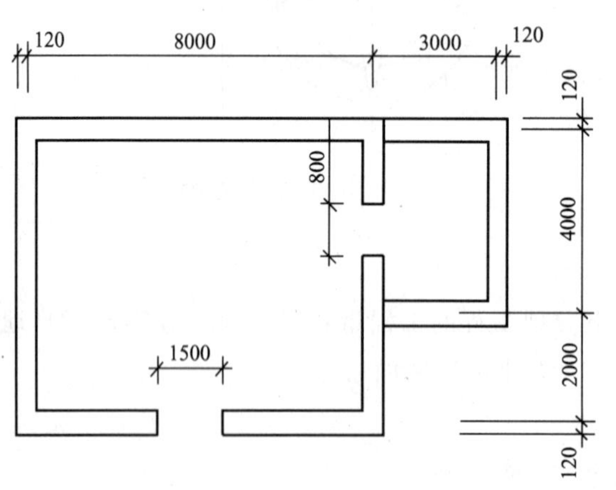


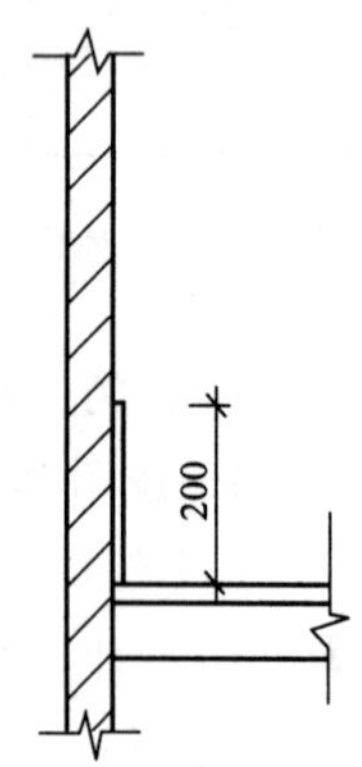

图 3.7　房屋平面图

图 3.8　水磨石踢脚板示意图

**【解】** 踢脚板工程量＝[(8.00－0.24＋6.00－0.24)×2＋(4.00－0.24＋3.00－0.24)×2－1.50－0.80×2＋0.12×6]×0.20＝7.54$m^2$

(1) 木地板

$$(3.6-0.24)\times2\times(6-0.24)+0.9\times0.24+1.8\times0.24=39.36\text{m}^2$$

(2) 木踢脚板

$$(3.6-0.24+6-0.24)\times2\times2-1.8-0.9=33.78\text{m}^2$$

**【例 3.3】** 某二层楼房，双跑楼梯平面如图 3.9 所示，顶面铺花岗石板（未考虑防滑条），水泥砂浆粘贴，试计算工程量。

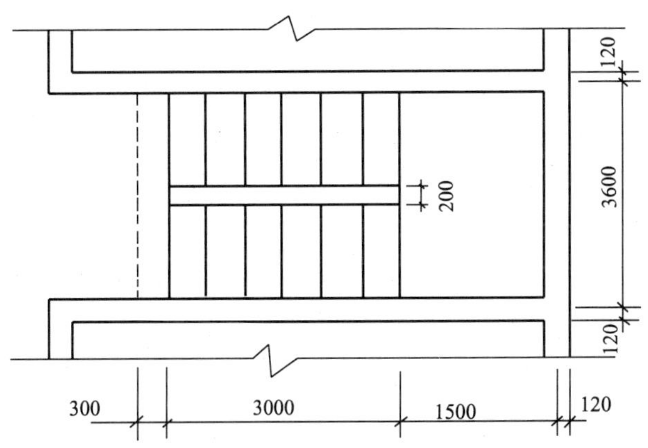


图 3.9 楼梯平面图

**【解】** 花岗石板楼梯工程量$=(0.3+3.0+1.5-0.12)\times(3.6-0.24)=15.72\text{m}^2$

**【例 3.4】** 某工程花岗石台阶，尺寸如图 3.10 所示，台阶及翼墙 1∶2.5 水泥砂浆粘贴花岗石板（翼墙外侧不贴），试计算工程量。

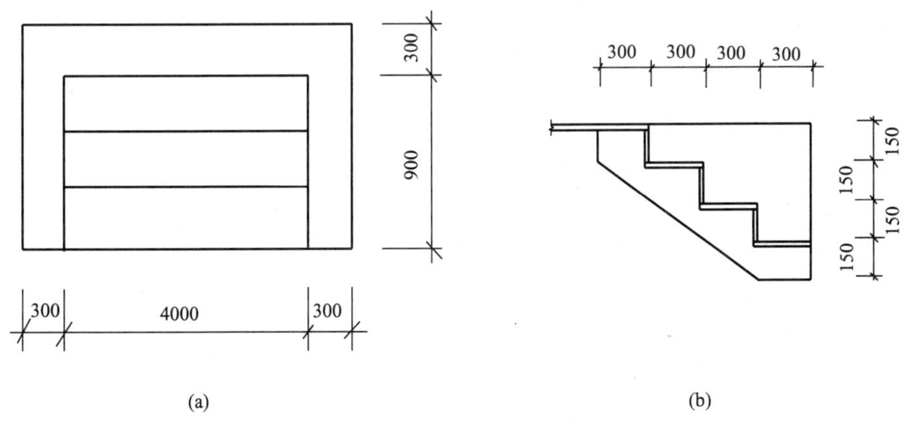


图 3.10 花岗岩台阶示意图

【解】 (1)台阶花岗石板贴面工程量＝4.00×0.30×4＝4.80m²

(2) 台阶翼墙花岗石板贴面工程量＝0.3×(0.9＋0.3＋0.15×4)×2＋(0.3×3)×(0.15×4)(折合)＝1.62m²

### 3.1.2 墙、柱面工程

3.1.2.1 墙、柱饰面的分类

按饰面材料的不同分为一般抹灰、装饰抹灰、镶贴块料面层、木装修及其他，共4部分。

3.1.2.2 墙、柱面分类的说明

① 一般抹灰指石灰砂浆、水泥砂浆、水泥混合砂浆、聚合物水泥砂浆、麻刀石灰、纸筋石灰、石膏灰等的抹灰。

② 装饰抹灰指水刷石、斩假石、干粘石、假面砖、拉条灰、拉毛灰、甩毛灰、扒拉石、喷涂、滚涂等的抹灰。

③ 勾缝指清水砖墙、砖柱的加浆勾缝，不是原浆勾缝。勾缝类型主要有平缝、平凹缝、平凸缝、半圆凹缝、半圆凸缝和三角凸缝等。

3.1.2.3 墙、柱面工程量计算规则

(1) 内墙抹灰工程量计算

① 内墙抹灰工程量应扣除门窗洞口和空圈所占的面积，不扣除踢脚板、挂镜线、0.3m以内的孔洞和墙与构件交接处的面积，洞口侧壁和顶面亦不增加。墙垛和附墙烟囱侧壁面积与内墙抹灰工程合并计算。

内墙抹灰工程量可用计算表达如下：

$$S_{内}=L_{内}\times H-S_{扣}+S_{侧}$$

式中 $S_{内}$——内墙面抹灰面积；

$L_{内}$——内墙面净长度；

$H$——内墙面的高度；

$S_{扣}$——内墙面应扣各项面积之和；

$S_{侧}$——应加的附墙垛等侧壁面积。

② 内墙面抹灰的长度以主墙间的图示净长尺寸计算。其高度确定如下。

a. 无墙裙的，其高度按室内地面或楼面至天棚底面之间距离计算。

b. 有墙裙的，其高度按墙裙顶至天棚底面之间距离计算。

c. 钉板条天棚的，内墙面抹灰，其高度按室内地面或楼面至天棚底而另加100mm计算。

③ 内墙裙抹灰面积计算

按内墙净长乘以高度计算。应扣除门窗洞口和空圈所占的面积，门窗洞口和空圈的侧壁面积不另增加，墙垛、附墙烟囱侧壁面积并入墙裙抹灰面积内计算。

（2）外墙抹灰工程量计算

① 外墙抹灰按面积计算。外墙面按垂直投影面积以 $m^2$ 计算。应扣除门窗洞口、外墙裙和大于 0.3$m^2$ 孔洞所占面积，洞口侧壁面积不另增加。附墙垛、梁、柱侧面抹灰面积并入外墙面抹灰工程量内计算。栏板、栏杆、窗台线、扶手、压顶、挑檐、遮阳板、突出墙外的腰线等，另按相应规定计算。

② 外墙裙抹灰面积按其长度乘高度计算，扣除门窗洞口和大于 0.3$m^2$ 孔洞所占的面积，门窗洞口及孔洞的侧壁不增加。

（3）窗台线、门窗套、挑檐、腰线、遮阳板工程量计算

① 如展开宽度在 300mm 以内者，按装饰线以延米计算；

② 如展开宽度超过 300mm 以上时，按图示尺寸展开面积计算，套用“零星抹灰”定额项目。

（4）栏板、栏杆（包括立柱、扶手和压顶等）抹灰工程量计算　按立面垂直投影面积乘以系数 2.2，以 $m^2$ 计算。

（5）墙面勾缝工程量计算　按垂直投影面积计算，应扣除墙裙和墙面抹灰的面积，不扣除门窗洞口侧面的勾缝面积亦不增加。独立柱、房上烟囱勾缝，按图示尺寸以 $m^2$ 计算。

（6）块料面层工程量

① 墙面贴块料面层均按图示尺寸以实贴面积计算。

定额块料消耗量＝[100/(块料长＋灰缝宽)×(块料宽＋灰缝宽)]×(1＋损耗率)

灰缝材料用量＝[100－块料长×块料宽×块料净用量]×缝深×(1＋损耗率)

② 墙裙以高度在 1500mm 以内为准，超过 1500mm 时按墙面计算，高度低于 300mm 以内时按踢脚板计算。

（7）木隔墙、墙裙、护壁板　均按图示尺寸长度乘以高度按实铺面积以 $m^2$ 计算。

（8）玻璃隔墙　按上横挡顶面至下横挡底面之间高度乘以宽度以 $m^2$ 计算。

（9）浴厕木隔断　按下横挡底面至上横挡顶面高度乘以图示长度以 $m^2$ 计算，门扇面积并入隔断面积内计算。

（10）铝合金、轻钢隔墙、幕墙　按四周框外围面积计算。

（11）独立柱

① 一般抹灰、装饰抹灰、镶贴块料按结构断面周长乘以柱的高度以 $m^2$

计算。

② 柱面装饰按柱外围装饰面尺寸乘以柱的高度以 $m^2$ 计算。

(12) 各种“零星项目” 均按图示尺寸以展开面积计算。

$$展开面积=展开宽度\times长度+两个顶端面积$$

(13) 墙、柱面装饰计算方法比较

墙、柱面装饰计算方法的比较见表 3.2。

**表 3.2 墙、柱面装饰计算方法比较**

| 比较项目 | 内墙一般抹灰 | 外墙抹灰 | 外墙装饰抹灰 | 镶贴块料 |
| --- | --- | --- | --- | --- |
| 计算规则 | 以主墙间的图示净长尺寸乘以高度以 $m^2$ 计算 | 按外墙面的抹灰长度乘以高度按实抹尺寸以平方米计算 | 按外墙面垂直投影面积计算 | 按图示尺寸以实贴面积计算 |
| 应扣除 | 门窗洞口、空圈、0.3$m^2$ 以上孔洞所占面积 | 门窗洞口、外墙裙和 0.3$m^2$ 以上孔洞所占面积 | 门窗洞口、空圈、0.3$m^2$ 以上孔洞所占面积 | |
| 不应扣除 | 踢脚线、挂镜线、0.3$m^2$ 以内的孔洞、墙与构件交接处所占的面积 | 0.3$m^2$ 以内孔洞所占面积 | 0.3$m^2$ 以内孔洞所占面积 | |
| 增加 | 墙垛和附墙柱侧面面积 | 附墙垛、梁、柱侧面抹灰面积 | 附墙柱侧面抹灰面积 | 门窗洞口、空圈的侧壁面积 |
| 不增加 | 洞口侧壁和顶面 | 洞口侧壁面积 | 门窗洞口及孔洞周边面积 | |
| 另行计算 | | 阳台、雨篷、梁、柱、栏板、栏杆、窗台线、门窗套、扶手、压顶、挑檐、遮阳板、突出墙外的腰线等,均以图示结构尺寸的展开面积计算,按“零星定额项目”执行 | 挑檐、天沟、腰线、窗台线、压顶、扶手、雨篷周边、门窗套、墙面点缀等均按图示尺寸展开面积以 $m^2$ 计算,按“零星定额项目”执行 | 挑檐、天沟、腰线、窗台线、压顶、扶手、雨篷周边、门窗套、墙面点缀等均按图示尺寸展开面积以 $m^2$ 计算,按“零星定额项目”执行。高度低于 300mm 以内时,按踢脚板计算 |

3.1.2.4 案例分析

**【例 3.5】** 某地一幢三层砖混建筑物,正立面外墙壁轴线长 22.8m,墙厚 240mm,室外地坪至女儿墙顶的垂直高度为 11.2m。底层设 1500×1500 窗 5 樘,1800×2100 门一樘,窗台线下抹水泥砂浆墙裙,高 1.2m。二、三层设 1500×1500 窗各 6 樘。试计算外墙正立面装饰抹灰工程量。

【解】 工程量按外墙壁裙以上扣除门窗洞口的面积计算得：

$$S=(22.8+0.24)\times(11.2-1.2)-1.5\times1.5\times(5+6+6)-1.8\times2.1\times1$$
$$=230.4-38.25-3.78=188.37\text{m}^2$$

【例 3.6】 某单层餐厅，室内净高 3.9m，窗台高 0.9m，室内净面积为 35.76m×20.76m，四周厚 240mm 外墙上设有 1.5m×2.7m 铝合金双扇地弹门 2 樘（型材框宽为 101.6mm，居中立樘），1.8m×2.7m 铝合金双扇推拉窗 14 樘（型材为 90 系列，框宽为 90mm，居中立樘），外墙内壁（无内墙）需贴高 1.8m 花瓷板墙裙，试求贴块料工程量。

【解】 按规定，墙面贴块料面层均按图示尺寸以实贴面积计算，也就是说扣洞应增侧壁。

墙裙面积：$S_1=35.76\times20.76\times1.8=1336.28\text{m}^2$

在墙裙高 1.8m 范围内应扣面积：

门洞面积：$S_2=1.5\times1.8\times2=5.4\text{m}^2$

窗洞面积：$S_3=1.8\times(2.7-0.9)\times14=45.36\text{m}^2$

应增门洞侧壁：

门洞侧壁宽为：$b_1=(0.24-0.1016)/2=0.069\text{m}$

门洞侧壁面积：$S_4=1.8\times2\times0.069\times2=0.497\text{m}^2$

应增加窗洞侧壁：

窗洞侧壁宽为：$b_2=(0.24-0.09)/2=0.075\text{m}$

窗洞侧壁面积：

$$S_5=[1.8+(2.7-0.9)\times2]\times0.075\times14=5.67\text{m}^2$$

则墙裙贴块料工程量为：

$$S=S_1-S_2-S_3+S_4+S_5=1336.28-5.4-45.36+0.497+5.67$$
$$=1291.69\text{m}^2$$

【例 3.7】 某单层建筑如图 3.11、图 3.12 所示，装修做法为：(1) 内墙面混合砂浆打底、找平厚 14mm+6mm，刮双飞粉面；(2) 外墙面混合砂浆打底、找平厚 14mm+6mm，水泥砂浆贴面砖（缝宽 10mm）；(3) 柱面为水刷白石子面。试列项计算工程量。

【解】 (1) 内墙面一般抹灰

内墙净长：$(3.6+3.6-0.24+4.5-0.24)\times2+$

$$(3.6+3.6+4.0-0.24+4.5-0.24)\times2=52.88\text{m}$$

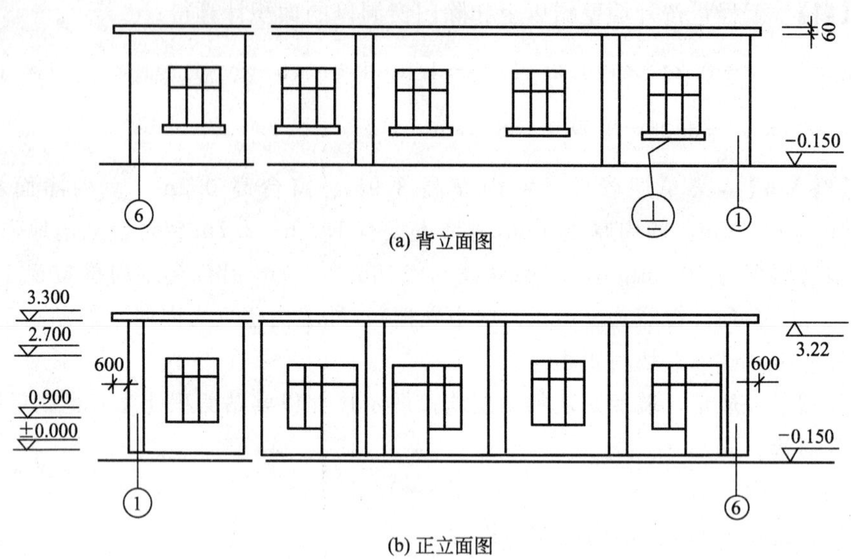


(a) 背立面图

(b) 正立面图

图 3.11 立面图

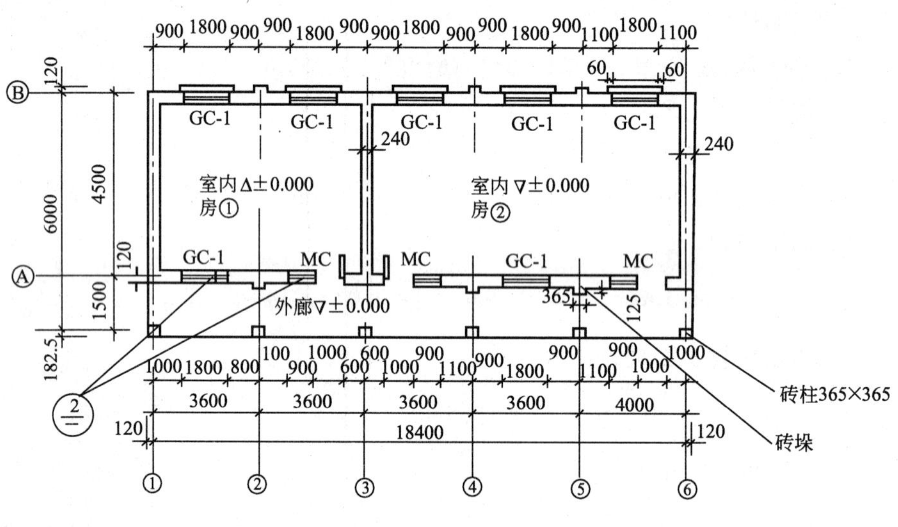


图 3.12 平面图

内墙净高：3.22m

门窗洞口面积：(GC-1)×7+MC×3 =1.8×1.8×7+(2.7×1+1.8×0.9)×3

=35.64m²

则内墙面一般抹灰工程量为：

工程量=内墙净长×内墙净高-门窗洞口面积

=52.88×3.22-35.64=134.63m²

(2) 外墙面一般抹灰

外墙外边线长：(18.4＋0.24＋4.5＋0.24)×2＝46.76m

外墙面高度：3.22＋0.15＝3.73m

门窗洞口面积：35.64m² (同上)

扣外廊平台重叠部分：(18.4＋0.24)×0.15＝2.8m²

增加柱垛侧壁面积：3.37×0.125×2×3＋3.22×0.125×2×3＝4.94m²

则外墙面一般抹灰工程量为：

工程量＝外墙长×外墙高－门窗洞口面积－重叠部分＋柱垛侧壁面积

＝46.76×3.37－35.64－2.8＋4.94＝124.08m²

(3) 外墙窗台抹装饰线条

展开宽度 60×3＝180mm，按装饰线条以延米计算：

工程量＝ (1.8＋0.0×)×5＝9.6m

(4) 外墙贴面砖

计算外墙贴面砖，可在计算外墙面一般抹灰的基础上，增加计算门窗洞口侧壁，本例中门窗均采用 38 系列实腹钢门窗，居中立图，框宽 40mm。

门窗洞口侧壁宽度为：0.24－0.04/2＝0.1m

门窗洞口侧壁面积为：(2.7＋1.9＋1.8＋0.9＋0.9)×0.1×3＋1.8×4×0.1×7＝7.5m²

因背立面突出墙面的窗台按零星项目另计，则应在外墙面上扣除窗台所占面积：

(1.8＋0.06×2)×0.06×5＝0.58m²

则外墙贴面砖：

工程量＝外墙长×外墙高－门窗洞口面积－重叠部分＋柱垛侧壁面积＋门窗洞口侧壁面积－窗台所占面积

＝47.76×3.37－35.64－2.8＋4.94＋7.5＋0.58

＝124.08＋7.5－0.58＝131m²

(5) 窗台贴面砖零星项目

工程量＝展开面积＝展开宽度×长度＋两个顶端面积

＝[0.06×3×(1.8＋0.06×2)＋0.06×0.06×2]×5＝1.76m²

(6) 柱面水刷石

工程量=结构断面周长×柱高=0.365×4×3.22×6=28.21m²

【例 3.8】 某厕所平面、立面图如图 3.13 所示，隔断及门采用某品牌 80 系列塑钢门窗材料制作。试计算厕所塑钢隔断工程量。

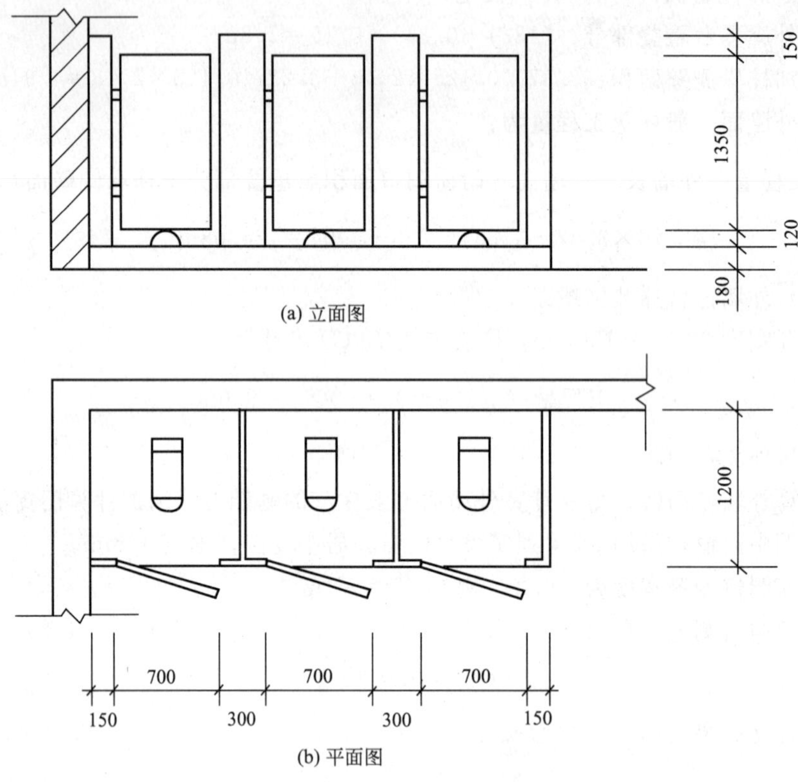


图 3.13 厕所结构布置图

【解】 厕所隔间隔断工程量=(1.35+0.15+0.12)×(0.3×2+0.15×2+1.2×3)=1.62×4.5=7.29m²

厕所隔间门的工程量=1.35×0.7×3=2.835m²

厕所隔断工程量=隔间隔断工程量+隔间门的工程量
=7.29+2.835=10.13m²

【例 3.9】 某建筑物钢筋混凝土柱的构造如图 3.14 所示，柱面挂贴花岗岩面层，试计算工程量。

【解】 所求工程量=柱身工程量+柱帽工程量

柱身工程量=0.64×4×3.75=9.6m²

柱帽工程量=1.38×0.158×2=0.44m²

柱面挂贴花岗岩的工程量=9.6+0.44=10.04m²

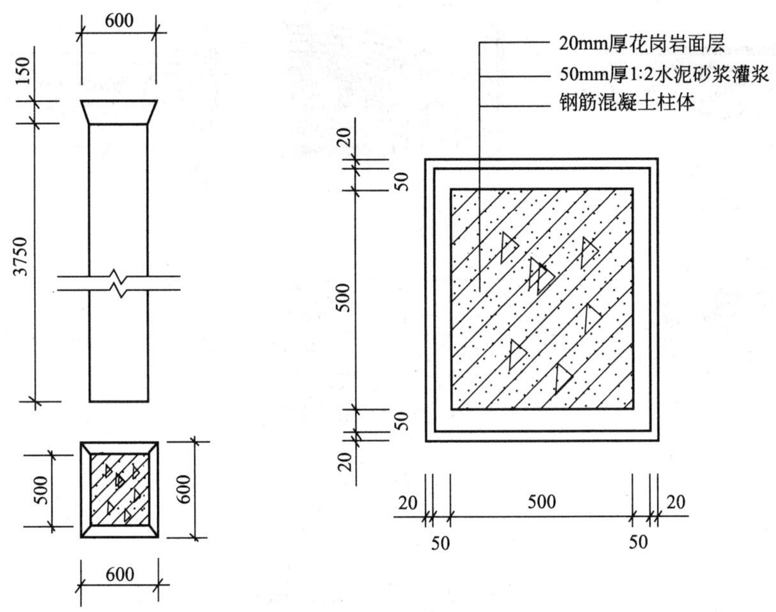


图 3.14 柱构造示意图

## 3.1.3 天棚工程

天棚又称顶棚、吊顶、天花板、平顶，是室内空间的顶界面，选用不同的天棚处理方法，可以取得不同的空间感觉，还可以延伸和扩大空间感，给人传递一些思想和艺术信息，此外，天棚还具有保温、隔热、隔音和吸音的作用。

3.1.3.1 天棚的分类

天棚形式如图 3.15 所示。

(1) 按天棚外观分类

平滑式天棚：将整个天棚呈现平直或弯曲的连续体。

井格式天棚：根据或模仿结构上主、次梁或井字梁交叉布置的规律，将天棚划分为格子状。

悬浮式天棚：把杆件、板材、薄片或各种形状的预制块体（如船形、锥形、箱形等）悬挂在结构层或平滑式天棚下，形成格栅状、井格状、自由状或有韵律感、节奏感的悬浮式天棚。

分层式天棚：在同一室内空间，根据使用要求，将局部顶棚降低或升高，构成不同形状、不同层次的小空间。

(2) 按施工方法分

抹灰刷浆类天棚、裱糊类天棚、贴面类天棚、装配式板材天棚等。

(3) 按构造分

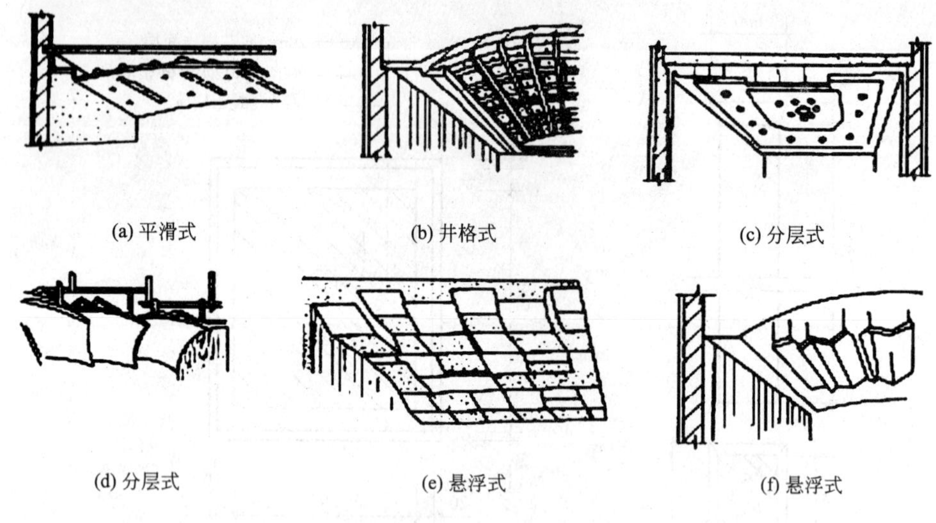
(a) 平滑式　(b) 井格式　(c) 分层式
(d) 分层式　(e) 悬浮式　(f) 悬浮式

图 3.15　天棚形式

普通天棚、活动式天棚、隐蔽式装配天棚、铝合金板天棚、开敞式天棚、玻璃天棚。

（4）按定额项目分（表 3.3）

**表 3.3　天棚装饰工程定额项目划分**

| 分节名称 | 小节名称 | 子目数 |
|---|---|---|
| 一、天棚抹灰 | | 11 |
| 二、平面、跌级天棚 | 1. 天棚龙骨<br>2. 天棚基层<br>3. 天棚面层<br>4. 天棚灯槽 | 76<br>2<br>77<br>4 |
| 三、艺术造型天棚 | 1. 轻钢龙骨<br>2. 方木龙骨<br>3. 基层<br>4. 面层 | 11<br>2<br>22<br>33 |
| 四、其他天棚(龙骨和面层) | 1. 烤漆龙骨天棚<br>2. 铝合金格栅天棚<br>3. 玻璃采光天棚<br>4. 木格栅天棚<br>5 其他天棚 | 2<br>5<br>8<br>8<br>3 |
| 五、其他 | 1. 天棚设置保温吸音层<br>2. 天棚设置防潮层<br>3. 送(回)风口安装<br>4. 嵌缝 | 12<br>3<br>4<br>1 |

3.1.3.2 天棚计算规则

（1）天棚抹灰工程量

① 天棚抹灰面积，按主墙间的净面积计算，不扣除壁墙、垛、柱、附墙烟囱、检查口和管道所占的面积。带梁天棚，梁两侧抹灰面积，并入天棚抹灰工程量内计算。

② 密肋梁和井字梁天棚抹灰面积，按展开面积计算。

③ 天棚抹灰如带有装饰线时，按三道线以内或五道线以内以延米计算。线角的道数以一个突出的棱角为一道线。

④ 檐口天棚的抹灰面积，并入相同的天棚抹灰工程量内计算。

⑤ 天棚中的折线、灯槽线、圆弧线、拱形线等艺术形式的抹灰，按展开面积计算。

⑥ 阳台、楼梯底面抹灰按水平投影面积以 $m^2$ 计算，并入相应天棚抹灰面积内。阳台如带悬臂梁者，其工程量乘系数 1.30，楼梯底面抹灰工程量乘系数 1.20。

⑦ 雨篷底面或顶面抹灰分别按水平投影面积以 $m^2$ 计算，并入相应天棚抹灰面积内。雨篷顶面带反沿或反梁者，其工程量乘系数 1.20，底面带悬壁梁者，其工程量乘以系数 1.20。雨篷外边线按相应装饰或零星项目执行。

（2）吊顶天棚工程量

① 吊顶天棚龙骨按主墙间净空面积计算，不扣除间壁墙、检查口、附墙烟囱、柱、垛和管道所占面积。但天棚中的折线、迭落等圆弧形，高低吊灯槽等面积也不展开计算。

② 吊顶天棚面装饰工程量按以下规定计算：

a. 天棚装饰面积，按主墙间实铺面积以 $m^2$ 计算，不扣除间壁墙、检查口、附墙烟囱、附墙垛和管道所占面积，应扣除独立柱及天棚相连的窗帘盒所占的面积；

b. 天棚中的折线、迭落等圆弧形、拱形、高低灯槽及其他艺术形式天棚面层均按展开面积计算。

（3）对工程量计算的理解

① 顶棚抹灰面积，按主墙间的净面积计算，不扣除间壁墙、垛等所占面积，并没有多算工程量，而是在编制预算定额时根据测算资料扣除了上述项目的人工、材料耗用量。

② 顶棚装饰线抹灰的规定有两点值得注意：一是以每突出 1 个棱角计算 1 条线；二是 3 条线以内定额套用时包括 1 条线、2 条线、3 条线的内容，5 条线以内定额套用时包括 4 条线和 5 条线的内容。

③ 密肋梁、井字梁、顶棚中的折线、灯槽等的抹面按展开面积计算，就是

按实际的抹灰面积计算工程量。

④ 顶棚龙骨按主墙间净空面积计算，即按水平投影面积计算。但吊顶顶棚中由折线、迭落等构成的各种造型，使顶棚装饰面层构成了不在同一平面上的斜面、平面、侧面等情况，这些装饰面层均按展开面积计算工程量。

⑤ 与顶棚相连的窗帘盒，一般指吊顶棚没有做至窗口边，留有一定宽度的凹边构成窗帘盒的形式。该窗帘盒的面积应扣除。

3.1.3.3　计算实例

**【例 3.10】** 试计算如图 3.16 所示天棚工程量并列出定额编号。已知：房 1 天棚为 300×300 石膏板配以不上人型装配式 T 形铝合金龙骨一级天棚，窗帘盒面积 0.4m$^2$。房 2、3 为预制混凝土板底抹石灰砂浆天棚，刮双飞粉两遍，刷乳胶漆两遍。

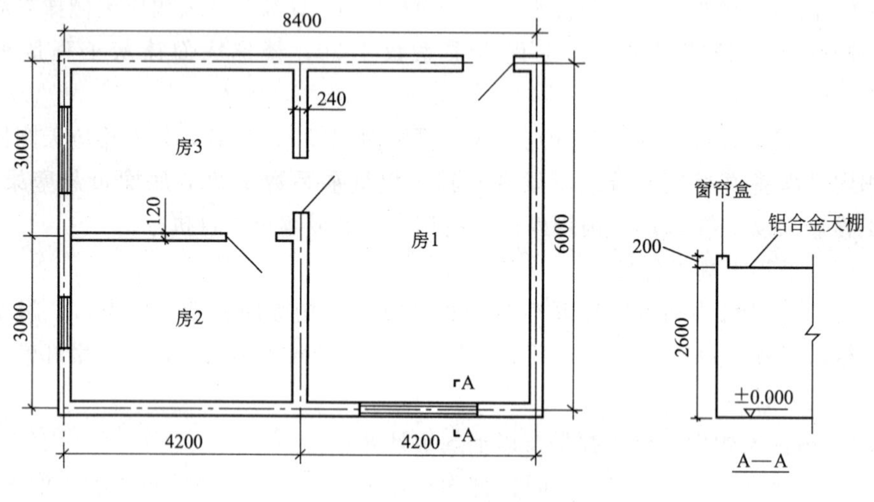


图 3.16　天棚示意图

**【解】**　(1) 房 1 不上人型装配式 T 形铝合金天棚龙骨

$$(0.6-0.24)\times(4.2-0.24)=22.81\text{m}^2$$

(2) 房 1 用 300×300 石膏板

$$(6.0-0.24)\times(4.2-0.24)-0.4=22.41\text{m}^2$$

(3) 房 2、3 预制混凝土底抹石灰砂浆天棚

$$(6.0-0.24)\times(4.2-0.24)=22.81\text{m}^2$$

(4) 房 2、3 天棚刮双飞粉两遍

$$(6.0-0.24)\times(4.2-0.24)=22.81\text{m}^2$$

（5）房2、3刷乳胶漆两遍

$$(6.0-0.24)\times(4.2-0.24)=22.81\text{m}^2$$

**【例3.11】** 计算3.17所示会议室天棚装饰工程量。

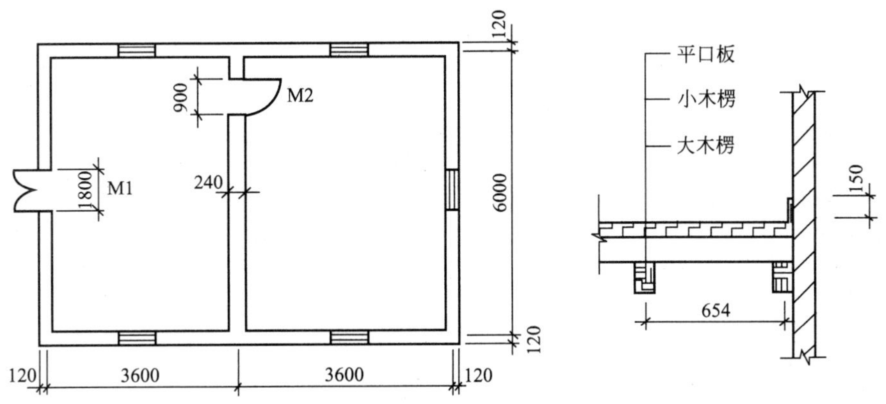


图3.17 会议室天棚示意图

**【解】** （1）会议室不上人型装配U形轻钢天棚龙骨

一级部分：$5.4\times3.6=19.44\text{m}^2$

二级部分：$9.0\times6.0-5.4\times3.6=54-19.44=34.56\text{m}^2$

（2）600×600天棚装饰石膏板面层

$$工程量=9.0\times6.0+(5.4+3.6)\times2\times0.3=59.40\text{m}^2$$

**【例3.12】** 某办公室顶棚如图3.18所示。吊顶做法为板底吊不上人装配式U形轻钢龙骨，网格尺寸450×450，龙骨上固定石膏板，石膏板面刮腻子，手

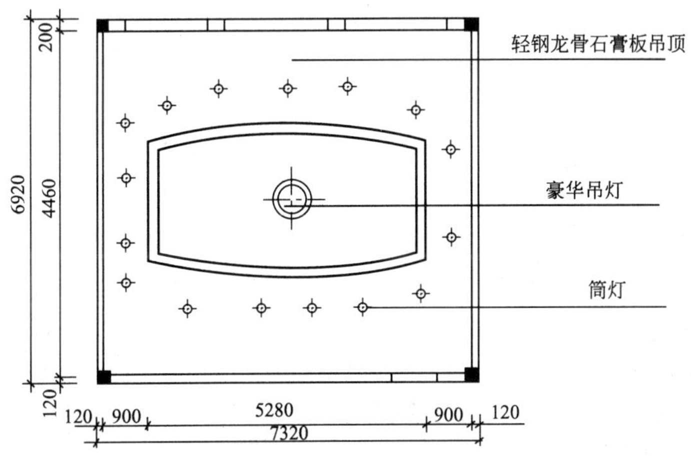


图3.18 某办公室天棚示意图

刷乳胶漆 3 遍。跌级高差均为 150mm。试计算顶棚工程量，确定定额项目。

【解】 (1) 二级龙骨工程量～三级顶棚龙骨工程量＝跌级高差最外边线长度×跌级高差最外边线宽度＝5.28×(4.46＋0.15×2)＝25.13m$^2$

套用定额 9-3-28，不上人装配式 U 形轻钢龙骨，网格尺寸 450×450，二级～三级

定额基价＝820.72 元/10m$^2$

定额直接费＝25.13/10×820.72＝2062.47 元

一级吊顶顶棚龙骨工程量＝主墙间的净长度×主墙间的净宽度－二级～三级顶棚龙骨工程量＝(7.32－0.12×2)(6.92－0.24－0.12)－25.13＝46.44－25.13＝21.31m$^2$

套用定额 9-3-27，不上人装配式 U 形轻钢龙骨，网格尺寸 450×450，一级

定额基价＝740.16 元/10m$^2$

定额直接费＝21.31/10×740.16＝1577.28 元

(2) 石膏板面层工程量＝主墙间净面积＋顶棚中的跌落处展开面积

＝46.44＋(5.28＋4.46＋0.15×2)×2×0.15＋(5.28－0.15×2＋4.46)×2×0.15

＝46.44＋3.012＋2.832＝52.28m$^2$

套用定额 9-3-87 辅钉纸面石膏面轻钢龙骨上

定额基价＝221.18 元/10m$^2$

定额直接费＝52.28/10×221.18＝1156.33 元

## 3.1.4 门窗工程

### 3.1.4.1 门窗的分类

门窗工程按内容可分为购入构件成品安装、铝合金门窗制作安装、木门窗框扇制作安装、装饰木门扇、门窗五金配件安装等 5 部分。

### 3.1.4.2 计算规则

(1) 门窗计算规则

① 各类门、窗制作安装工程量均按门、窗洞口面积以 m$^2$ 计算。

② 门窗盖口条、脸板、披水条，按图示尺寸以延米计算，执行未装修项目。

③ 门窗扇包镀锌铁皮，按门窗洞口面积以 m$^2$ 计算；门窗框包镀锌铁皮，钉橡皮条、钉毛毡按图示洞口尺寸以延米计算。

④ 铝门窗制作、安装，铝合金门窗、不锈钢门窗、彩板组角钢门窗、塑料门窗、钢门窗安装，均按设计门窗洞口面积以 m$^2$ 计算。

⑤ 卷闸门安装按洞口高度增加 600mm 以卷闸门实际宽度以 m$^2$ 计算。电动

装置安装以套计算，小门安装以个计算。

⑥ 不锈钢片包门框按框外表面积以 $m^2$ 计算。彩板组角钢门窗附框安装按延米计算。

（2）屋架计算规则

① 屋架制作安装均按设计断面竣工木材以 $m^3$ 计算，其后备长度及配制损耗均已包括在定额内，不另计算。

② 方木屋架一面刨光时增加 3mm，两面刨光时增加 5mm。圆木屋架按屋架刨光时木材体积每立方米以 0.5$m^3$ 计算。附属于屋架的夹的架板、垫木等已并入相应的屋架制作项目中，不另计算。与屋架连接的挑檐木、木撑等，其工程量应并入相应的屋架竣工木材体积内计算。

③ 屋架的制作安装应区别不同跨度，其跨度应以屋架上下弦杆的中心线交点之间的长度为准。带气楼的屋架并入所依附屋架的体积内计算。

④ 屋架的马尾、折角和正交部分半屋架，应并入相连接屋架的体积内计算。

⑤ 钢木屋架区分圆木、方木，按竣工木料以 $m^3$ 计算。

⑥ 圆木屋连接的挑檐木、木撑等如为方木时，其方木部分应乘以系数 1.7 折合成圆木并入屋架竣工木材体积内计算。单独的方木挑檐，按矩形檩木计算。

⑦ 檩木按竣工木料以 $m^3$ 计算。简支檩木长度按设计规定计算，如设计无规定时，按屋架式山墙中距增加 200mm 计算，如两端出山，檩条长度算至博风板；连接檩条的长度按设计长度计算，其搭头长度按全部连续檩条总体积的 5% 计算。檩条托木已计入在相应的檩木制作安装项目中，不另计算。

⑧ 屋面木基层，按屋面的斜面积计算。天窗挑檐重叠部分按设计规定增加，屋面烟囱及斜沟部分所占面积不扣除。

⑨ 封檐板按图示檐口外围长度计算，博风板按斜长计算，每个大刀头增加长度 500mm。

⑩ 木楼梯按水平投影面积计算，不扣除宽度小于 300mm 的楼梯井，其踢脚板平台和伸入墙内部分，不另计算。

3.1.4.3 门窗工程量计算方法

① 可按门窗统计表计算。

② 可按建筑平面图、剖面图所给尺寸计算。

③ 可按门窗代号计算。在有些施工图中，习惯于用代号表示门窗洞口尺寸。如 M0921，表示门宽 900mm，门高 2100mm。C1818，窗宽 1800mm，窗高 1800mm，樘数可在图上数出。

3.1.4.4 计算实例

**【例 3.13】** 某工程给出门窗统计，见表 3.4，求其门窗工程量。

表 3.4 门窗统计表

| 名称 | 编号 | 洞口尺寸/mm | | 数量 | 备注 |
|---|---|---|---|---|---|
| | | 宽 | 高 | | |
| 门 | M-1 | 1000 | 2400 | 11 | 单扇带亮镶板门 |
| | M-2 | 1200 | 2400 | 1 | 双扇带亮镶板门 |
| | M-3 | 1800 | 2700 | 1 | 铝合金带上亮双开地弹门 |
| 窗 | C-1 | 1800 | 1800 | 38 | 双扇铝推拉窗 |
| | C-2 | 1800 | 600 | 6 | 双扇铝推拉窗 |

【解】 因门窗种类、规格不同，工程量应分别计算：

M-1 $1.0\times2.4\times11=26.4\text{m}^2$

M-2 $1.2\times2.4\times1=2.88\text{m}^2$

M-3 $1.8\times2.7\times1=4.86\text{m}^2$

C-1 $1.8\times1.8\times38=123.12\text{m}^2$

C-2 $1.8\times0.6\times1=1.08\text{m}^2$

### 3.1.5 油漆、喷漆、裱糊工程

油漆工程包括木材面油漆、金属面油漆、抹灰面油漆；涂料按所刷涂的部位分为外墙面、内墙面；裱糊工程按所用材料的不同分为墙纸、墙布等。

3.1.5.1 计算规则

（1）喷涂、油漆、裱糊工程量计算的规定

① 楼地面、天棚面、墙、柱、梁面的喷（刷）涂料、抹灰面油漆及裱糊工程，均按楼地面、天棚面、墙、柱、梁面装饰工程相应的工程量计算规则计算。

② 木材面、金属面、抹灰面油漆的工程量分别按表 3.5～表 3.13 规定计算，并乘以表列系数以 $\text{m}^2$ 计算。

表 3.5 执行木门定额工程量系数表

| 项目名称 | 系数 | 工程量计算方法 |
|---|---|---|
| 单层木门 | 1.00 | 按单面洞口面积计算 |
| 双层(一玻一纱)木门 | 1.36 | |
| 双层(单裁口)木门 | 2.00 | |
| 单层全玻门 | 0.76 | |
| 木百叶门 | 1.25 | |
| 半玻门 | 0.88 | |

表 3.6 执行木窗定额工程量系数表

| 项目名称 | 系数 | 工程量计算方法 |
| --- | --- | --- |
| 单层玻璃窗 | 1.00 | 按单面洞口面积计算 |
| 双层(一玻一纱)木窗 | 1.36 | |
| 双层(单裁口)木窗 | 2.00 | |
| 双层框三层(二玻一纱)木窗 | 2.60 | |
| 单层组合窗 | 0.83 | |
| 双层组合窗 | 1.13 | |
| 木百叶窗 | 1.50 | |

表 3.7 执行木扶手定额工程量系数表

| 项目名称 | 系数 | 工程量计算方法 |
| --- | --- | --- |
| 木扶手(不带托板) | 1.00 | 按延米计算 |
| 木扶手(带托板) | 2.60 | |
| 窗帘盒 | 2.04 | |
| 封檐板、顺水板 | 1.74 | |
| 挂衣板、黑板框、单独木线条 100mm 以外 | 0.52 | |
| 挂镜线、窗帘棍、单独木线条 100mm 以内 | 0.35 | |

表 3.8 执行其他木材面工程量系数表

| 项目名称 | 系数 | 工程量计算方法 |
| --- | --- | --- |
| 木板、纤维板、胶合板天棚 | 1.00 | 长×宽 |
| 木护墙、木墙裙 | 1.00 | |
| 窗台板、筒子板、盖板、门窗套、踢脚线 | 1.00 | |
| 清水板条天棚、檐口 | 1.07 | |
| 木方格吊顶天棚 | 1.20 | |
| 吸音板墙面、天棚面 | 0.87 | |
| 暖气罩 | 1.28 | |
| 木间壁、木隔断 | 1.90 | 单面外围面积 |
| 玻璃间壁露明墙筋 | 1.65 | |
| 木栅栏、木栏杆(带扶手) | 1.82 | |
| 衣柜、壁柜 | 1.00 | 实刷展开面积 |
| 零星木装修 | 1.10 | 张开面积 |
| 梁、柱饰面 | 1.00 | |

表 3.9 抹灰面油漆、涂料双飞粉

| 项目名称 | 系数 | 工程量计算方法 |
| --- | --- | --- |
| 混凝土楼梯底(板式) | 1.15 | 水平投影面积 |
| 混凝土楼梯底(梁式) | 1.00 | 展开面积 |
| 混凝土花格窗、栏杆花饰 | 1.82 | 单面外围面积 |
| 楼地面、天棚、墙、柱、梁 | 1.00 | 按相应抹灰工程量计算规则 |

**表 3.10　金属面油漆系数**

| 项目名称 | 系数 | 工程量计算方法 |
| --- | --- | --- |
| 单层钢门窗 | 1.00 | 按洞口面积 |
| 双层（一玻一纱）钢门窗 | 1.48 | |
| 钢百叶钢门 | 22.74 | |
| 半截百叶钢门 | 2.22 | |
| 满钢门或包铁皮门 | 1.63 | |
| 钢折叠门 | 2.30 | |
| 射线防护门 | 2.96 | 框(扇)外围面积 |
| 厂库房平开、推拉门 | 1.70 | |
| 铁丝网大门 | 0.81 | |
| 间壁 | 1.85 | 长×宽 |

**表 3.11　平板屋面涂刷磷化、锌黄底漆工程量系数表**

| 项目名称 | 系数 | 工程量计算方法 |
| --- | --- | --- |
| 平板屋面 | 0.74 | 斜长×宽 |
| 瓦楞板屋面 | 0.89 | |
| 排水、伸缩缝盖板 | 0.78 | 展开面积 |
| 吸气罩 | 1.63 | 水平投影面积 |
| 包镀锌铁皮门 | 2.20 | 洞口面积 |

**表 3.12　其他金属面工程量系数表**

| 项目名称 | 系数 | 工程量计算方法 |
| --- | --- | --- |
| 钢屋架、天窗架、挡风架、屋架梁支撑、檩条、干挂石材料钢骨架 | 1.00 | 重量(t) |
| 墙架(空腹式) | 0.50 | |
| 墙架(格板式) | 0.82 | |
| 钢柱、吊车梁、花式梁柱、空花构件 | 0.63 | |
| 操作台、走台、制动梁、钢梁车挡 | 0.71 | |
| 钢栅栏门、栏杆、窗栅 | 1.71 | |
| 钢爬梯 | 1.18 | |
| 轻型屋架 | 1.42 | |
| 踏步式钢扶梯 | 1.05 | |
| 零星铁件 | 1.32 | |

**表 3.13　抹灰面油漆、涂料抹灰面工程量系数表**

| 项目名称 | 系数 | 工程量计算方法 |
| --- | --- | --- |
| 槽型底板、混凝土折板 | 1.30 | 长×宽 |
| 有梁底板 | 1.10 | |
| 密肋、井字梁底板 | 1.50 | |
| 混凝土平板式楼梯底板 | 1.30 | 水平投影面积 |

其计算方法可表达为：

油漆工程量＝被油刷对象的工程量×表 3.5～表 3.13 中相应系数

也就是说，油漆工程量计算没有特别规则，也无需专门计算，只要被油刷对象的工程量计算出来后，在本节中找到相应系数相乘，就是油漆工程量。

（2）计算步骤

油漆工程量计算可按以下步骤进行：

① 先按各部分规则计算出没被刷对象工程量；

② 再按表 3.5～表 3.13 找到对应的油漆工程量计算系数；

③ 两者相乘就是油漆工程量。

3.1.5.2 计算实例

**【例 3.14】** 某餐厅室内装修，地面净面积为 14.76m×11.76m，四周一砖墙上有单层钢窗（1.8m×1.8m）8 樘，单层木门（1.0m×2.1m）2 樘，单层全玻门（1.5m×2.7m）2 樘，门均为外开。木墙裙高 1.2m，设挂镜线一道，木质窗帘盒（比窗洞每边宽 100mm），木方格吊顶天棚，以上项目均刷调和漆。试求相应项目油漆工程量。

**【解】** （1）各个项目的工程量按各部分规则计算如下。

单层钢窗：1.8×1.8×8＝28.92$m^2$

单层木门：1.0×2.1×2＝4.2$m^2$

单层全玻门：1.5×2.7×2＝8.1$m^2$

木墙裙高 1.2m，应扣减在高 1.2m 范围内的门窗洞口。门向外开，应计算洞口侧壁，在没有给出木框宽度的情况下，一般按木门框宽 90mm 计算，木门框靠外侧立樘。窗下墙一般高 900mm，则在墙裙高 1.2m 范围内，窗洞口应口高度为 300mm，钢窗居中立樘，框宽 40mm。

墙裙长(扣门洞)：(14.76＋11.76)×2－1.0×2－1.5×2＝48.04m

应扣窗洞面积：1.8×0.3×8＝4.32$m^2$

窗洞侧壁宽度为：(240－40)/2＝100mm＝0.1m

应增加窗洞侧壁面积为：(1.8＋0.3×2)×0.1×8＝1.92$m^2$

门洞侧壁宽度为：240－90＝150mm＝0.15m

应增加门洞侧壁面积为：(1.2×2)×0.15×(2＋2)＝1.44$m^2$

则墙裙实际面积为：48.04×1.2－4.32＋1.92＋1.44＝56.69$m^2$

挂镜线按延长米计算：$L$＝48.14－1.8×8＝33.64m

木质窗帘盒（比窗洞每边宽 100mm）按延米计算得：$L$＝(1.8＋0.1×2)×8＝16m

木方格吊顶天棚：$S$＝14.76×1176＝138.30$m^2$

（2）油漆工程量计算如表 3.14 所示

**表 3.14 油漆工程量计算**

| 油漆项目 | 计量单位 | 工程量 | 油漆预算系数 | 油漆工程量 |
|---|---|---|---|---|
| 单层钢窗 | $m^2$ | 25.92 | 1.00 | 25.92 |
| 单层木门 | $m^2$ | 4.2 | 1.00 | 4.2 |
| 单层全玻木门 | $m^2$ | 8.1 | 0.83 | 6.72 |
| 木墙裙 | $m^2$ | 56.69 | 0.91 | 51.59 |
| 木挂镜线 | m | 33.64 | 0.35 | 11.77 |
| 木窗帘盒 | m | 16 | 2.04 | 32.64 |
| 木方格吊顶 | $m^2$ | 138.30 | 1.20 | 165.96 |

**【例 3.15】** 某工程刷油漆的项目有：有腰单扇木门 1000mm×2600mm，计 10 樘；无腰双扇门 1500mm×2600mm，计 5 樘；半玻单扇木门 2000mm×2200mm，计 2 樘。求油漆工程量。

**【解】** 木门油漆工程量＝Σ(木门洞口面积×单木门工程量系数)

＝1.0×2.6×10×1.00(系数)＋1.5×2.6×5×1.00(系数)＋2.0×2.2×2×0.88(系数)＝53.24$m^2$

## 3.1.6 零星装饰工程

零星工程包括：招牌、灯箱基层；招牌、灯箱面层；美术字的安装；压条、装饰线条；镜面玻璃；卫生间配件；窗帘盒、窗帘轨、窗台板、门窗套制作安装；木盖板、木搁板、固定式玻璃黑板；暖气罩；天棚面零星项目；窗帘装饰布制作安装；墙、地面成品保护；隔断；柜类、货架等内容。

3.1.6.1 计算规则

（1）招牌、灯箱

① 平面招牌按正立面面积计算，复杂形的凹凸造型部分也不增减。

② 沿雨篷、檐口、阳台走向的立式招牌基层，按展开面积计算。

③ 箱体招牌和竖式标箱的基层，按外围体积计算；突出箱外的灯饰、店徽及其他艺术装饰等均另行计算。

④ 灯箱的面层按实贴展开面积以 $m^2$ 计算。

⑤ 广告牌钢骨架重量以 t 计算。

（2）美术字安装　按字的最大外围矩形面积以个计算。

（3）压条、装饰线条　按实贴长度计算。

（4）暖气罩（包括脚的高度在内）　按外框外围尺寸正立面面积计算。

(5) 镜面玻璃、盥洗室木镜箱制作安装　以外围尺寸正立面面积计算。

(6) 塑料镜箱、毛巾环、肥皂盒、金属帘子杆、浴缸拉手、毛巾杆安装　以只（付）计算；不锈钢旗杆按根数计算；大理石洗漱台以台面投影面积计算，异形按单块的外接最小矩形面积计算（不扣除孔洞面积）。

(7) 货架、柜橱类　均以正立面高度（包括脚的高度在内）乘以宽度按 $m^2$ 计算；收银台、洗衣间等以个计算；酒吧台、柜台等其他项目按台面中心线长度计算。

(8) 拆除工程的计算　按拆除面积或长度计算，执行相应子目。

3.1.6.2　计算方法

由于零星工程设计图纸各异，用途与作用不同，因此，必须严格遵守定额规则，严格按规则的几何定义的计算方法计算工程量。

## 3.1.7　装饰工程超高增加费

本分部适用于檐口高度在 20m 以上的工程。

本分部是指单独装饰工程超高人工降效而增加的额外费用。

3.1.7.1　计算规则

根据装饰装修楼面（包括楼层所有装饰装修工量）区别不同垂直运输高度（单层建筑物系檐口高度）以人工费与机械费之和按元分别计算。

3.1.7.2　计算实例

**【例 3.16】** 如图 3.19 所示某综合楼，图中的墙体厚度均为 24cm，尺寸线标注至墙中，设计室内外高差 0.6m，各层的层高如表 3.15 所示。试确定该综合楼的超高增加费。

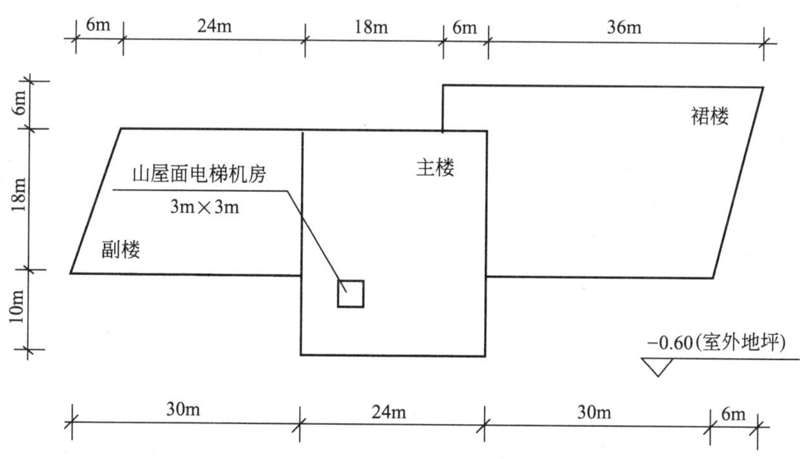


图 3.19　某综合楼平面图

表 3.15 各层的层高 单位：m

| 部位名称 | 一层 | 二至三层 | 四至七层 | 八至九层 | 十层 | 屋面 |
| --- | --- | --- | --- | --- | --- | --- |
| 主楼 | 4.5 | 3.6 | 3.3 | 3.9 | 4.2 | |
| 副楼 | 4.5 | 3.6 | 3.3 | | | |
| 裙楼 | 4.5 | 3.6 | | | | |
| 电梯机房 | | | | | | 2.5 |

**【解】** 该综合楼分主楼、副楼和裙楼，各部分檐高均不相同，应分别计算工程量。

（1）主楼

檐高：$H=0.6+4.5+3.6\times2+3.3\times4+3.9\times2+4.2=37.5\text{m}$

层数 $N=10$ 层

工程量：$S=(24+0.24)\times(28+0.24)\times10+(3+0.24)\times(3+0.24)=6855.88\text{m}^2$

（2）副楼

檐高：$H=0.6+4.5+3.6\times2+3.3\times4=25.5\text{m}$

层数 $N=7$ 层

工程量：$S=1/2\times(30+24)\times(18+0.24)\times7=3447.36\text{m}^2$

（3）裙楼

檐高：$H=0.6+4.5+3.6\times2=12.3\text{m}$

层数 $N=3$ 层

不计取超高增加费。

### 3.1.8 装饰工程脚手架

① 墙面抹灰高度小于 3.6m 的抹灰脚手架，以墙面净长乘以净高计算。

② 单梁抹灰高度小于 3.6m 的脚手架，以梁净长乘以地坪（或楼面）至梁顶面高度计算。

③ 柱抹灰高度小于 3.6m 的脚手架，以柱结构外围周长加 3.60m 乘以柱高计算。

④ 天棚抹灰高度小于 3.6m 的脚手架，按天棚抹灰面（不扣除柱、梁所占的面积）以 $\text{m}^2$ 计算。

⑤ 天棚需要抹灰，抹灰高度大于 3.6m 的脚手架，按室内天棚水平投影净

面积计算，不扣除柱、垛、附墙烟囱所占面积。

⑥ 单独天棚抹灰高度大于 3.6m 的脚手架，按室内天棚水平投影净面积计算，不扣除柱、垛、附墙烟囱所占面积。

⑦ 单独的柱、梁、墙抹灰高度大于 3.6m 的脚手架，按室内天棚水平投影净面积计算，不扣除柱、垛、附墙烟囱所占面积。

### 3.1.9 装饰工程垂直运输费

垂直运输机械台班用量，区分不同施工机械、垂直运输的高度、垂直运输的层数，按定额工日分别计算，单位为“工日”。

## 3.2 建筑装饰工程定额套用

建筑装饰工程包括两方面的内容，其中工程量的计算在前一节中已详细介绍，现在就来学习另一方面内容：定额套用。

### 3.2.1 楼地面工程定额套用

定额应用有两种方法：一是直接套用法，二是套用换算法。直接套用法是指设计项目与定额项目条件完全相同时，可直接套用项目，计算出人、材、机的消耗量。套用换算法是指当设计项目与定额项目条件不完全相同时，要先套出定额项目的内容再依据定额的说明进行换算，求出该项目的“三量”消耗。

3.2.1.1 定额应用说明

① 定额中踢脚板高度是按 150mm 编制的，超过时材料用量可以调整，人工、机械不变。

② 木地板中的硬木、杉木、松木板是按毛料 25mm 编制的，设计厚度与定额厚度不同时，可以换算。

③ 垫层定额用于基础垫层时，按相应定额人工乘系数 1.20。

④ 各种明沟平均净空断面(深×宽)均为 190mm×260mm 计算，断面不同时按净空断面面积比计算。

3.2.1.2 计算实例

**【例 3.17】** 水磨石踢脚板，设计要求高度为 160mm，求相应材料量。

**【解】** 本例进行踢脚板材料的换算，换算公式为：换算材料用量＝踢脚板设计高度/150×定额材料量

套用定额：11-32（换）

其中：1∶2.5 水泥砂浆换算用量：$160/150\times0.18=0.192\text{m}^3$

1∶2.5 水泥白石子砂浆换算用量：160/150×0.15＝0.16m$^3$

**【例 3.18】** 求设计净厚度为 25mm 硬木地板（铺在木楞上、企口）的一等硬木板用量。

**【解】** 本例应进行地板材料换算。换算公式为：

换算定额地板木料＝设计地板厚度(加刨光损耗)/25×定额地板木料用量

查定额 11-132，得定额一等硬木板量：3.203m$^3$/100m$^2$

刨光损耗按门窗工程分部的相应规定计取。

则净厚度为 25mm 一等硬木板用量：(25＋5)/25×3.203＝3.84m$^3$

**【例 3.19】** 如何进行明沟材料的定额换算？

**【解】** 根据规定，在进行明沟材料定额换算时，混凝土明沟 11－40 应换算 1∶2.5 水泥砂浆抹面、C10 混凝土沟底、C15 混凝土沟壁的材料量。砖明沟 11-41、11-42 应换算 1∶2.5 水泥砂浆抹面、C10 混凝土沟底、普通黏土沟壁的材料量。其他材料均不换算。换算公式如下：

换算沟底材料量＝设计沟底宽度/定额沟底宽度×定额沟底材料量

换算沟壁材料量＝设计沟壁高度/定额沟壁高度×定额沟壁材料量

换算抹灰材料量＝设计抹灰宽度/定额抹灰宽度×定额抹灰材料量

以上公式中，定额沟底宽度取 500mm，定额沟壁高度取 190mm，定额抹灰宽度取 900mm。当明沟的设计断面尺寸与定额规定 190mm×260mm 相差很少时，一般则不进行明沟的材料换算。

### 3.2.2 墙、柱面工程定额套用

#### 3.2.2.1 定额说明

① 本章定额凡注明了砂浆种类、配合比、饰面材料型号规格的（含型材），如与设计规定不同时，可按设计规定调整，但人工数量不变。

② 墙面抹石灰砂浆分二遍、三遍、四遍，其标准如下：

a. 二遍：一遍底层，二遍面层；

b. 三遍：一遍底层，一遍中层，一遍面层；

c. 四遍：一遍底层，一遍中层，二遍面层。

③ 抹灰等级与抹灰遍数、工序、外观质量的对应关系见表 3.16。

④ 抹灰厚度，如设计与定额取定不同时，除定额项目有注明可以换算外，其他一律不作调整，抹灰厚度按不同砂浆分别列在定额项目中，同类砂浆列总厚度，不同砂浆分别列出厚度，如定额项目中 18mm＋6mm 即表示两种不同砂浆各自厚度。

表 3.16 抹灰等级与抹灰遍数、工序、外观质量的对应关系

| 名称 | 普通抹灰 | 中级抹灰 | 高级抹灰 |
|---|---|---|---|
| 遍数 | 二遍 | 三遍 | 四遍 |
| 主要工序 | 分层找平、修整、表面压光 | 阳角找平、设置标筋、分层找平、修整、表面压光 | 阳角找平、设置标筋、分层找平、修整、表面压光 |
| 外观质量 | 表面光滑、洁净、握搓平整 | 表面光滑、洁净、握搓平整、压线、清晰、顺直 | 表面光滑、洁净、颜色均匀、无抹纹压线、平直方正、清晰美观 |

⑤ 圆弧形、锯齿形、不规则墙面抹灰、镶贴块料、饰面、按相应项目人工乘以系数 1.15。

⑥ 外墙贴块料釉面砖、劈离砖和金属面砖，项目灰缝宽分密缝、10mm 以内和 20mm 以内列项，其人工、材料已综合考虑。如灰缝超过 20mm 以上者，其块料及发缝材料用量允许调整，其他不变。

⑦ 定额木材种类除注明者外，均以三、四类木种为准，如采用一、二类木种，其人工及木工机械乘以系数 0.77。

⑧ 面层、隔墙（间壁）、隔断定额内，除注明者外均未包括压条、收边、装饰线（板），如设计要求时，应按本章相应定额计算。

⑨ 面层、木基层均未包括刷防火涂料，如设计要求时，另按相应定额计算。

⑩ 幕墙、隔墙（同壁）、隔断所用的轻钢、铝合金龙骨，如设计要求与定额规定不同时允许按设计调整，其人工不变。

⑪ 块料镶贴和装饰抹灰的零星项目适用于挑檐、天沟、腰线、窗台线、门窗套、压顶、栏板、扶手、遮阳板、雨篷周边等。一般抹灰的“零星项目”适用于各种壁柜、碗柜、过人洞、暖气壁龛、池槽、花台以及 $1m^2$ 以内的抹灰。抹灰的“装饰线条”适用于门窗套、挑檐、腰线、压顶、遮阳板、楼梯边梁、宣传栏边框等凸出墙面或抹灰面展开宽度小于 300mm 以内的竖、横线条抹灰。超过 300mm 的线条抹灰按“零星项目”执行。

⑫ 压条、装饰条以成品安装为准。如在现场制作木压条者，每 10m 增加 0.25 工日。木材按净断面加刨光损耗计算。如在木基层天棚面上钉压条、装饰条者，其人工乘以系数 1.34；在轻钢龙骨天棚板面钉压条、装饰条者，其人工乘以系数 1.68；木装饰条做图案者，人工乘以系数 1.8。

⑬ 木龙骨基层是按双向计算的，设计为单向时，材料、人工用量乘以系数 0.55；木龙骨基层用于隔断、隔墙时每 $100m^2$ 木砖改按木材 $0.7m^3$ 计算。

⑭ 玻璃幕墙、隔墙如设计有平窗、推拉窗者，扣除平窗、推拉窗面积另按

门窗工程相应定额执行。

⑮ 木龙骨如采用膨胀螺栓固定者，均按定额执行。

3.2.2.2 计算实例

**【例 3.20】** 求圆弧外墙用水泥砂浆镶贴面砖的定额基价（灰缝 5mm）。

**【解】** (1) 套用定额（13-177）

其中：定额基价＝1543.14 元/100m²

定额人工费＝1309.09 元/100m²

计价材料费＝218.10 元/100m²

定额机械费＝15.95 元/100m²

(2) 换算依据

“圆弧形、锯齿形、不规则墙面抹灰、镶贴块料、饰面，按相应项目人工乘以系数 1.15”。

(3) 换算定额基价

换算人工费＝1309.09×1.15＝1505.45 元/100m²

其余项目不变，则定额基价为：

1505.45＋218.1＋15.95＝1739.50 元/100m²

**【例 3.21】** 某砖墙面用水泥砂浆 1∶3 抹底 12mm 厚，水泥砂浆 1∶2.5 抹面 9mm 厚，试套用定额。

**【解】** (1) 可选用定额（13-25）水泥砂浆 1∶3 的厚度为 14mm，水泥砂浆 1∶2.5 的厚度为 6mm，不符合题给要求。

(13-58) 为水泥砂浆每增减 1mm 的定额。

(2) 定额套用(13-25)－定额(13-58)×2[水泥砂浆 1∶3]＋定额(13-58)×3[水泥砂浆 1∶2.5]

**【例 3.22】** 某工程设计用 108×108×5 釉面砖贴外墙面，密缝，损耗率 2.5%，若其余条件均不变化时，求定额的换算。

**【解】** (1) 套用定额（13-176）

其中：定额基价＝1466.07 元/100m²(不包含未计价材)

定额人工费＝1196.84 元/100m²

计价材料费＝254.54 元/100m²

定额机械费＝14.69 元/100m²

未计价材中：面砖 150×75，定额消耗量为 9.11 千块/100m²。

（2）换算依据

“本章定额凡注明了砂浆种类、配合比、饰面材料型号规格的（含型材），如设计规定不同时，可按设计规定调整，但人工数量不变。”

$100m^2$ 面层中块料的块数＝100×(1＋损耗率)/(块料长＋灰缝)×(块料宽＋灰缝)

＝100×(1＋2.5%)/(0.108＋0)×(0.108＋0)

＝8788 块/$100m^2$

（3）换算结果

对定额（13-176）而言，仅只是用 8.79 千块/$100m^2$ 替换 9.11 千块/$100m^2$，其他都没有改变。

## 3.2.3 天棚工程定额套用

### 3.2.3.1 定额应用说明

① 本定额凡注明了砂浆种类和配合比、饰面材料型号规格的，如与设计不同时，可按设计规定调整。

② 本章龙骨是按常用材料及规格组合编制的，如与设计规定不同时，可以换算，人工不变。

③ 定额中木龙骨规格，大龙骨为 50mm×70mm，中、小龙骨为 50mm×50mm，吊木筋为 50mm×50mm，设计规格不同时，允许人工换算，人工及其他材料不变。

④ 天棚面层在同一标高者为一级天棚；天棚面层不在同一标高者，且高差在 200mm 以上为二级或三级天棚。

⑤ 天棚骨架、天棚面层分别列项，按相应项目配套使用，对于二级或三级以上造型的天棚，其面层人工乘以系数 1.3。

⑥ 吊筋安装，如在混凝土板上钻眼、挂筋者，按相应项目每 $100m^2$ 增加人工 0.25 工日、吊筋 3.8kg，增加钢板 27.6kg、射钉 585 个。

### 3.2.3.2 计算实例

**【例 3.23】** 不上人装配式 T 形铝合金一级天棚龙骨，面层 450×450 采用全预埋铁件安装，试计算工程量为 $400m^2$ 的龙骨定直费。

**【解】** 根据定额注释，不上人型天棚骨架改全预埋时，人工增加 0.97 工日/$100m^2$，扣除定额中的射钉用量，增加吊筋用量 30kg/$100m^2$，吊筋定额单价为 3.50 元/kg。

套用定额（13-335）换：

人工费：4×(439.52＋21.06×0.97)＝1839.79 元

材料费：4×(1216.73－35×1.52＋3.5×30)＝5074.120 元

机械费：4×12.27＝49.08 元

定直费：1839.79＋5074.12＋49.08＝6962.99 元

未计价材不变。

**【例 3.24】** 人字形屋架下吊方木天棚龙骨（3m 以内），柚木夹板饰面二级造型天棚，室内净面积为 $200m^2$，面层实铺面积为 $240m^2$。试套用定额单价（不考虑未计价材时）。

**【解】** （1）人字形屋架下吊方木棚龙骨（3m 以内），套（13-313）得：

$$200/100\times574.43=1148.86 \text{ 元}$$

（2）二级造型天棚柚木夹板面层，套（13-393）换算

根据定额说明：对于二级或三级以上造型天棚，其面层人工乘系数 1.3，则（13-393）换为：

人工费：784.49×1.3＝1019.84 元/$100m^2$

基价：1019.13＋719.12＝1738.96 元/$100m^2$

面层套价得：240/100×1738.96＝4173.5 元

## 3.2.4 门窗工程定额套用

3.2.4.1 定额应用说明

（1）木种换算

① 定额规定：本章木种均以三、四类木种为准，如采用一、二类木种时，分别乘以下列系数：木门窗制作，按相应项目人工和机械乘以系数 0.77；木门窗安装，按相应项目人工和机械乘以系数 0.86；其他项目按相应项目人工和机械乘以系数 0.74。

② 木种分类，见表 3.17。

**表 3.17 木种分类表**

| 类 别 | 木 种 |
|---|---|
| 一类 | 红松、水桐木、樟子木 |
| 二类 | 白松(方杉、冷杉)杉木、杨木、柳木、椴木 |
| 三类 | 青松、黄花松、秋子木、马尾松、东北榆木、柏木、黄菠萝、椿木、楠木、柚木、樟木 |
| 四类 | 柞木、色木、槐木、荔木、麻栗木、桦木、水曲柳、华北榆木 |

③ 当设计选用的木种与定额认定木种不符时，应该按规定对相应定额项目进行换算。

（2）材积换算

① 定额规定：定额中所注明的木材断面或厚度均以毛料为准，如设计图注

明的断面或厚度为净料时，应增加刨光损耗；板材、方材一面刨光增加 3mm，两面刨光增加 5mm；圆木每 $m^3$ 材积增加 $0.05m^3$。

② 定额中木门窗框、扇断面（毛料）取定如下。

无纱镶板门框：60mm×100mm

有纱镶板门框：60mm×120mm

无纱窗框：60mm×90mm

有纱窗框：60mm×110mm

无纱镶板门扇：15mm×100mm

有纱镶板门扇 ：45mm×100mm＋35mm×100mm

无纱窗扇 ：45mm×60mm

有纱窗扇：45mm×60mm＋35mm×60mm

胶合板门扇：38mm×60mm

③《全国统一建筑工程基础定额云南省预算基价》规定：定额中木门窗框、扇断面按云南和西南标准对《基础定额》相应子目的用量进行了综合换算。凡采用标准图（定型图）施工的均不作调整；如遇特殊设计、定额材积与设计材积不同时，可用设计材积代抽象定额材积。

④ 换算方法为：取定的断面与设计规定不同时，按比例换算。框料以边框断面为准，扇料以主挺断面为准。换算公式为：

换算材积＝设计断面(加刨光损耗)/定额断面×定额材积

其中，换算系数＝设计断面(加刨光损耗)/定额断面

则：换算材积＝换算系数×定额材积

(3) 铝合金型材用量换算

定额规定：铝合金地弹门制作（框料）型材是按 01.6mm×44.5mm，厚 1.5mm 方管编制的；单扇平开门、双扇平开窗是按 38 系列编制的；推拉窗是按 90 系列编制的。如型材断面尺寸及厚度与定额规定不同时，可按定额附表（请查定额）调整铝合金型材用量，附表中“（ ）”内数量为定额取定量。

(4) 其他内容的换算

① 保温门的填充与定额不同时，可以换算，其他工料不变。

② 木门窗不论现场或附属加工厂制作，均执行本定额，现场制作点至安装地点的运输另行计算。

③ 铝合金门窗制作兼安装项目，是按施工企业附属加工厂制作编制的。加工厂至现场堆放点的运输，参照木门窗运输另行计算。

④ 玻璃厚度、颜色、密封油膏、软填料，如设计与定额不同时可以调整。

⑤ 铝合金门窗、彩板组角钢门窗、兼门窗及钢门窗成品安装，如每 $100m^2$ 门窗实际用量超过定额含量 1%以上时，可以换算，但人工、机械用量不变，门

窗成品包括五金配件在内。

⑥ 本章各项目内均未包括面层的油漆或装饰，应按相应项目计算。

3.2.4.2 计算实例

**【例 3.25】** 某工程采用冷杉制作安装无纱带亮单扇镶板门 36 樘，门洞尺寸为 1.0m×2.4m。试换算相应定额并分析出相应的人工和冷杉消耗量。

**【解】** (1) 查相应定额并换算如表 3.17 和表 3.18 所示（冷杉为二类木种）。

**表 3.18 相应定额换算**

| 定额编号 | 项目名称 | 材料 | 定额材积/$m^3$ | 换算系数 | 换算材积/$m^3$ |
|---|---|---|---|---|---|
| 12－25 | 门框制作 | 一等板枋材 | 2.431 | 1.192 | 2.898 |
| 12－27 | 门框安装 | 一等板枋材 | 0.383 | 1.192 | 0.457 |
| 12－28 | 门扇制作 | 一等板枋材 | 3.714 | 1.222 | 4.539 |

(2) 根据工程量和调整后的定额消耗量计算实际耗用量，该木门制安工程量按洞口面积计算得：

$$S=1.0(宽)\times 2.4(高)\times 36(樘)=86.4\text{m}^2$$

工日消耗量为：86.4/100×(8.57＋14.645＋24.575＋15.244)＝54.46 工日

定额材料消耗量未变，则冷杉用量为：

$$86.4/100\times(2.431+0.383+3.714)=5.64\text{m}^3$$

**【例 3.26】** 某工程制安 98 樘无纱带亮单扇镶板门，门洞尺寸为 1.0m×2.4m。框料设计断面(净料)为 62mm×105mm，扇料设计断面(净料)为 45mm×105mm，试换算相应定额并分析出相应材料消耗量。

**【解】** (1) 查用相应定额并换算见表 3.18。

其中换算系数计算为：

框料：换算系数＝(62＋3)×(105＋5)/60×100＝1.192

扇料：换算系数＝(45＋5)×(105＋5)/45×100＝1.222

式中，门框料断面较小的尺寸按单面刨光增加 3mm 计算。

(2) 板枋材的消耗量计算

该木门制安工程量按洞口面积计算得：

$$S=1.0\times 2.4\times 98=235.2\text{m}^2$$

一等板枋材的消耗量为：

$$235.2/100\times(2.898+0.457+4.539)=18.57\text{m}^3$$

【例 3.27】 某工程制安带上亮双扇铝合金推拉窗 24 樘，窗洞口尺寸为 1800mm×1800mm，采用 90 系列 1.4 厚铝合金型材，若已知型材市场预算价为 21.5 元/kg，试调整相应定额型材用量并计算购买型材的材料费。

【解】 (1) 对于带上双亮扇推拉窗，定额认定的型材用量为 570.70，是采用 90 系列 1.5 厚型材，并且洞口为 1.5m×2.1m 时的型材用量，则当设计要求的型材规格和洞口尺寸与认定不符时，应当对型材用量进行调整。

(2) 型材用量调整

当设计要求窗洞口尺寸为 1800mm×1800mm，采用 90 系列 1.4 厚的铝合金型材时，定额型材消耗量应选定为 536.05kg/100m$^2$。

(3) 该工程铝合金型材用量计算

带上亮双扇推拉窗工程量（按洞口面积计算）：

$$S=1.8\times1.8\times24=77.6\text{m}^2$$

$$\text{型材用量}=77.76/100\times536.05=416.83\text{kg}$$

(4) 铝合金型材的材料费计算

$$\text{材料费用}=21.5\times416.83=8961.90\text{ 元}$$

### 3.2.5 油漆、喷漆、裱糊工程定额套用

3.2.5.1 定额说明

① 本定额刷涂、刷油采用手工操作，喷塑、喷涂、喷油采用机械操作，操作方法不同时不另调整。

② 油漆浅、中、深各颜色已综合在定额内，颜色不同不另调整。

③ 本定额有同一平面上的分色及门窗内外分色已综合考虑。如需做美术图案者另行计算。

④ 定额规定的喷、涂、刷遍数，如与设计要求不同时，可按每增加一遍定额项目进行调整。

a. 大压花：喷点压平，点面积和 1.2cm$^2$ 以上。

b. 中压花：喷点压平，点面积在 1～1.2cm$^2$。

c. 喷中点、幼点：喷点面积在 1cm$^2$ 以下。

3.2.5.2 木材面油漆项目的选用

木材面油漆要看三个主导施工工艺说明，即底层、腻子、面层等。底层工艺有刷底油、润油粉、润水粉等区别。底油一般由熟桐油、清油、溶剂油等调和而成，在设计图中一般不作详细说明，对要求不高的普通油漆面，无论设计有否说明，都必须刷底油一遍。

润油粉和润水粉是高级油漆面的底层工艺，润即指均匀揉擦，粉即指粉面。润油粉和润水粉只是润粉剂的成分稍有区别，有时在定额印刷上或设计书写中，可能将油粉和水粉相互误写，套用定额时要注意原材料的组成。

润油粉由大白粉、溶剂油、清油、熟桐油等组成，有时也适当加入调和漆。

润水粉由大白粉、色粉、骨胶（水胶）等调和而成。

油粉和水粉的最大区别是调和剂的不同，油粉的调和剂是油（即清油、熟桐油）；而水粉的调和剂是水胶（即骨胶、鱼胶）。因此凡材料用量内有骨胶或水胶者，应为润水粉，否则为润油粉。

面层工艺是指刷油漆的种类和遍数，它是套用定额的主要依据。

### 3.2.6 零星装饰工程定额套用

① 本分部定额项目在实际施工中使用的材料品种、规格与定额取定不同时，除招牌、货架、柜类可按设计调整材料用量、品种、规格外，其他只允许换算材料的品种、规格，但人工、机械不变。

② 本分部定额中铁件已包括刷防锈漆一遍，如设计需刷油漆、防火漆按第五分部相应子目执行。

③ 招牌、灯箱基层沿雨篷、檐口、阳台走向的立式招牌，按平面招牌复杂项目执行；招牌的灯饰均不包括在定额内。

④ 美术字安装均以成品固定安装为准，不分字体均执行本分部定额。

⑤ 装饰线条。

a. 木装饰线条、石膏线条均以成品安装为准；

b. 石材线条均以成品安装为准，磨边、磨圆角均包括在成品的单价中，不再另计；

c. 装饰线条均以墙面上直线安装为准，如天棚面安装直线型，人工定额量乘以系数 1.34；天棚面安装圆弧形，人工定额量乘以系数 1.6，材料定额量乘以系数 1.1；墙面安装圆弧装饰线条人工定额量乘以系数 1.2，材料定额量乘以系数 1.16；装饰线条做艺术图案者，人工定额量乘以系数 1.8，材料定额量乘以系数 1.1。

⑥ 半凹半凸式暖气罩按明式定额子目执行。

⑦ 货架、柜类定额中未考虑面板拼花及饰面板上贴其他材料的花饰、造型艺术品。

### 3.2.7 装饰工程超高增加费定额套用

① 本分部定额适用于建筑物檐口高度 20m 以上的工程。

② 檐口高度指设计室外地坪至檐口上表面的高度，突出主体建筑物屋顶的

电梯间、水箱间等不计入檐口高度之内。

③ 高度和层高只要一个指标达到规定，即可套用该项目。

### 3.2.8 装饰工程脚手架定额套用

① 高度在 3.6m 以内的抹灰脚手架，均套用高度在 3.6m 以内的抹灰脚手架子目；而高度大于 3.6m 的，套用满堂脚手架子目。

② 单独天棚抹灰脚手架，套用满堂脚手架乘以 0.7。

③ 满堂脚手架高度在 8m 以内的计算基本层。

④ 满堂脚手架高度超过 8m 的，每增加 2m 计算一个增加层。

增加层数=[室内净高(m)-8m]/2m

余数在 0.6m 以内不计增加层，超过 0.6m 不满 1m 的计算一个增加层。

### 3.2.9 装饰工程垂直运输费定额套用

① 套用定额时要明白檐高和层高的涵义，其中，层高是指地面以上建筑物的高度，而檐高是指设计室外地坪至檐口的高度。

② 一个工程出现两个及以上檐口高度，所使用机械为同一台时，定额不变，所使用的机械不是同一台时，按照国家工期定额规定结合施工合同的工期约定，逐个进行计算。

③ 垂直运输机械数量与定额不同时，可以按照比例调整定额含量。

### 3.2.10 装饰单位工程量计算实例

**【例 3.28】** 某酒店标间客房需装修，试依据施工图计算标间客房工程量，如图 3.20～图 3.25 所示。

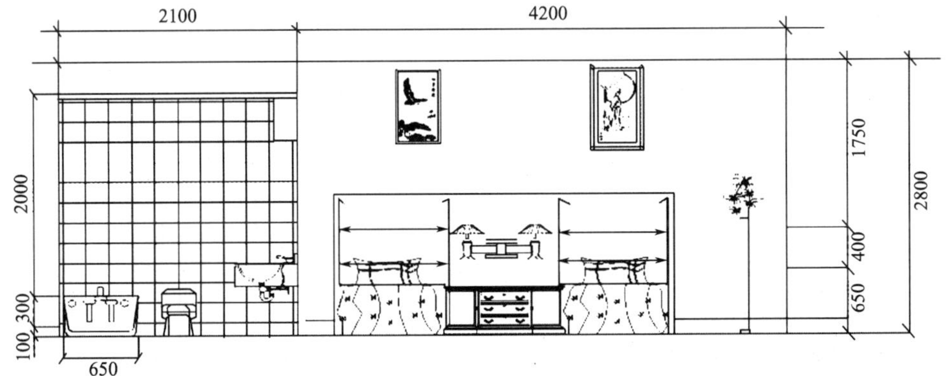


图 3.20　A 立面图

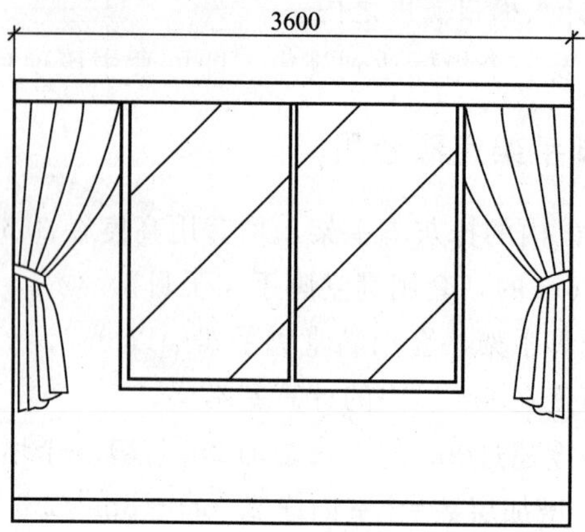


图 3.21　B 墙面

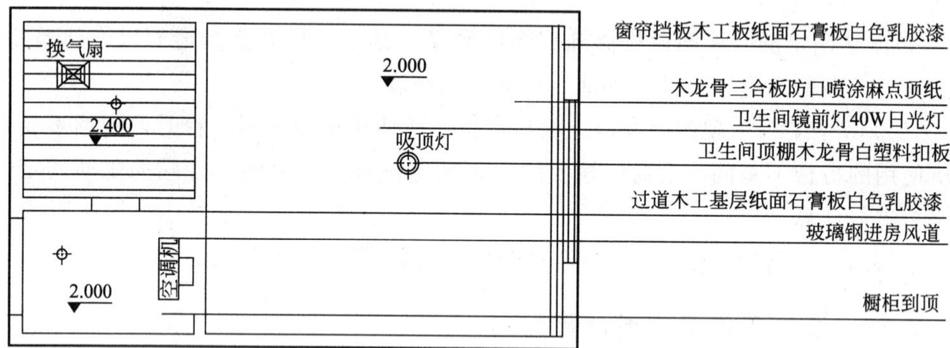


图 3.22　天棚图

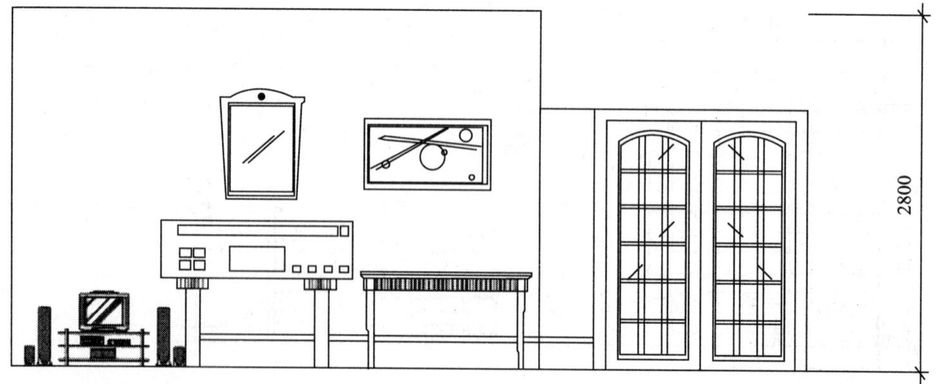


图 3.23　C 墙面

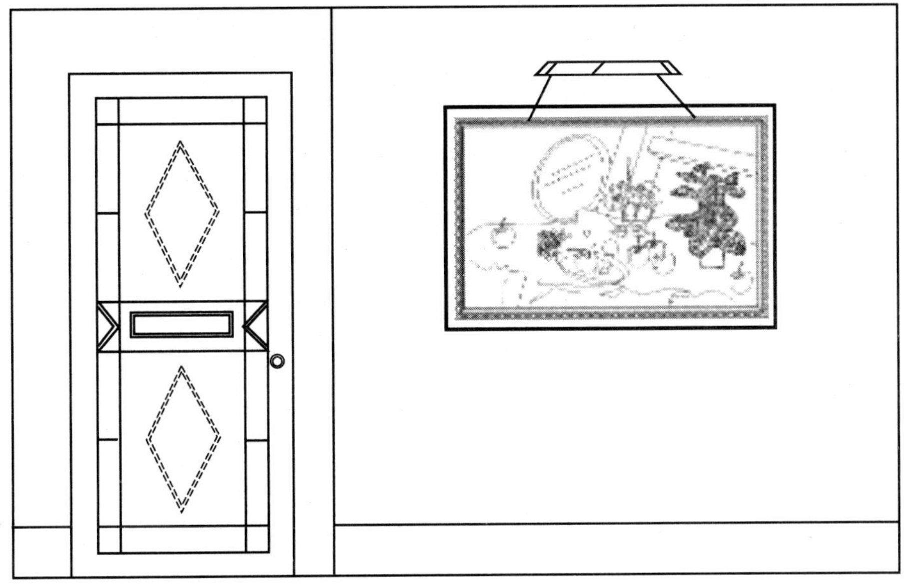

图 3.24 D墙面

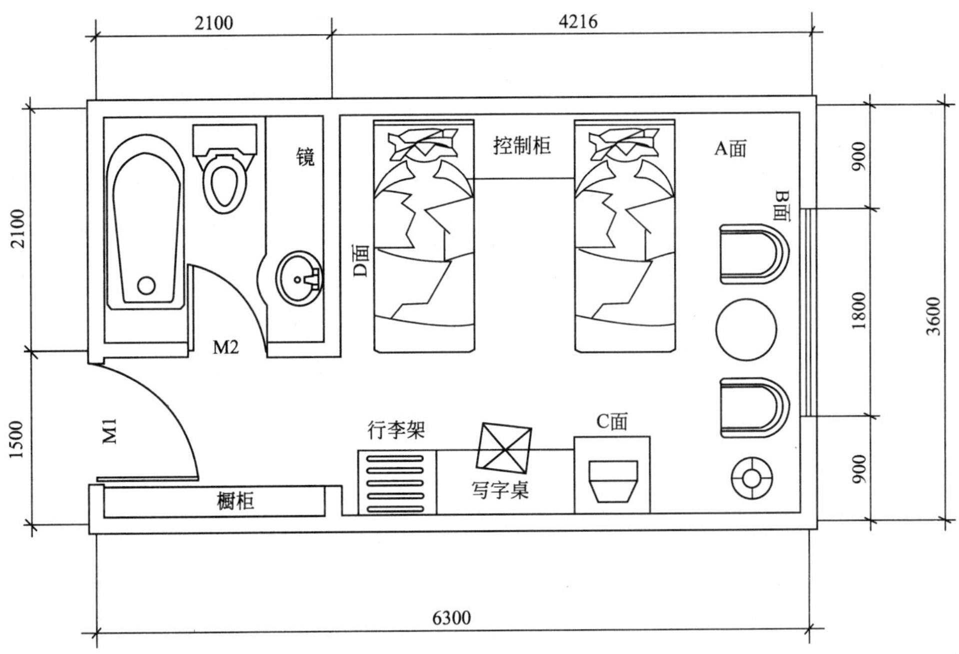


图 3.25 平面布置面

**【解】** (1) 地板

① 复合木地板

主房间：$(4.2-0.24)\times(3.6-0.24)=13.31m^2$

过道：$(2.1-0.24)\times(1.5-0.24)=2.34m^2$

增加门开口部分：M1＝$0.24\times0.9=0.22m^2$　M2＝$0.24\times0.7=0.17m^2$

M3＝$0.24\times1=0.24m^2$

合计：$13.31+2.34+0.22+0.17+0.24=16.28m^2$

② 防滑陶瓷地砖 300mm×300mm

卫生间：$(2.1-0.24)\times(2.1-0.24)=3.46m^2$

③ 复合木踢脚板

主房间：$[(2.1-0.24)+4.2-0.24)\times2+3.6]\times0.15=2.01m^2$

过道：$[(2.1-0.24)+(1.5-0.24)]\times2\times0.15=0.94m^2$

扣 M1：$0.9\times0.15=0.14m^2$

扣 M2：$0.7\times0.15=0.11m^2$

扣 M3：$1\times0.15=0.15m^2$

增 M2 侧壁：$0.24\times2\times0.15=0.07m^2$

扣 M3：$(0.8+0.1\times2)\times0.15=0.15m^2$

合计：$2.01+0.94-0.14-0.11-0.15+0.07-0.15=2.74m^2$

(2) 墙面工程

① 墙面砖 300mm×200mm

卫生间：$[(2.1-0.24)+(2.1-0.24)]\times2\times2.4=16.61m^2$

扣门 M2：$0.7\times2=1.4m^2$

扣浴缸：$0.5\times0.4\times2=0.4m^2$

合计：$16.61-1.4-0.4=14.81m^2$

② 壁纸

主房间：$[(4.2-0.24)+(3.6-0.24)]\times2\times(2.8-0.15)=38.8m^2$

过道：$[(2.1-0.24)+(1.5-0.24)]\times2\times(2.8-0.15)=16.54m^2$

扣 C：$1.8\times2.4=4.32m^2$

扣 M1：$0.9\times(2-0.15)=1.67m^2$

扣 M2：$0.7\times(2-0.15)=1.3m^2$

扣 M3：1×2－0.15＝1.85$m^2$

增加墙 M2 侧壁：[(2－0.15)×2＋0.7]×0.24＝1.06$m^2$

合计：38.8＋16.54＋1.06－1.67－1.3－1.85－4.32＝47.26$m^2$

(3) 顶棚工程

① 塑料扣板

卫生间：(2.1－0.24)×(2.1－0.24)＝3.46$m^2$

② 纸面石膏板

过道：(2.1－0.24)×(1.5－0.24)＝2.34$m^2$

增加 M3：1×0.24＝0.24$m^2$

合计：2.34＋0.24＝2.58$m^2$

③ 顶面墙纸

主房间：(4.2－0.24)×(3.6－0.24)＝13.31$m^2$

④ 轻钢龙骨

卫生间＋过道＋主房间：3.46＋2.58＋13.31＝19.35$m^2$

(4) 门窗工程

① 当层木门

M1：0.9×2＝1.8$m^2$

② 当层塑料钢窗

C：1.8×2.4＝4.32$m^2$

(5) 油漆工程

窗帘挡板硝基清漆（油漆系数：2.04）

窗帘挡板：3.6 ×0.2＝0.72$m^2$

(6) 其他工程

① 吸顶灯一个，筒灯 2 套（过道、卫生间）

② 40W 镜前灯安装 1 套（卫生间）

③ 换气扇安装 1 个

④ 浴缸安装 1 组

⑤ 坐便器安装 1 组

⑥ 手盆安装 1 组

⑦ 雪花白大理石台面（当孔）1 个

⑧ 浴帘杆 1 根

⑨ 浴巾架 1 个

⑩ 肥皂盒 1 个

⑪ 金属螺丝喷头 1 个

⑫ 单控混合水嘴 1 个

⑬ 毛巾架 1 个

⑭ 手纸盒 1 个

# 3.3 建筑装饰工程定额计价

## 3.3.1 定额计价的编制依据及作用

定额计价是指工程开工之前，建设单位、施工单位根据施工图纸、施工组织设计和国家现行的预算定额及费用定额的规定，进行计算和确定工程造价的经济文件。

### 3.3.1.1 定额计价的编制依据

定额计价的编制依据是：

① 施工图纸、有关标准图，图纸会审记录；

② 预算定额（或单位估价表）；

③ 施工组织设计；

④ 现行材料预算的价格、取费标准；

⑤ 工程合同或协议；

⑥ 预算工作手册。

### 3.3.1.2 工程计价的作用

从工程量清单计价角度看，其主要作用有：

① 引入了市场的竞争机制，真正实现了市场决定价格；

② 实现资源优化配置，帮助招标方获得合理造价；

③ 促进了企业自身发展，实现整个行业的优胜劣汰机制；

④ 有效实现了我国工程造价与国际惯例工程造价的接轨，加快我国装饰行业向国际发展的步伐。

## 3.3.2 计算实例

**【例 3.29】** 某房屋工程为框架结构，底层建筑平面图、二层结构平面图如图 3.26 和图 3.27 所示，已知设计室外地坪－0.15，设计室内地坪±0.00，二层结构板面标高为 6.50m，板厚 12cm。外、内墙均为 1 砖厚多孔砖墙；门窗尺寸见门窗表。施工项目措施费 3600 元，三类工程，取值计划利润为工程直接费的 28％，间接费率 25％，税金 3.44％，计算该单位工程造价。

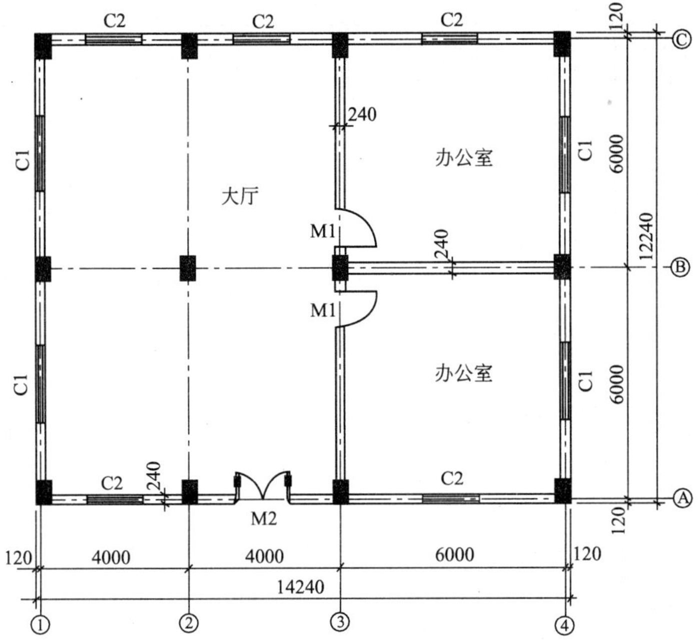


图 3.26 底层平面图

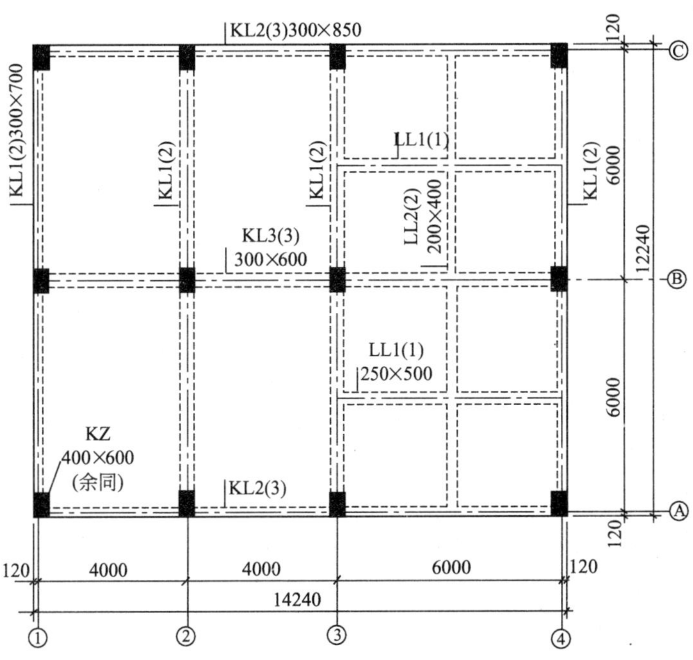


图 3.27 二层结构平面图

门窗表

| 编号 | 洞口尺寸/mm | 高/宽 | 樘数 |
| --- | --- | --- | --- |
| M1 | 1000 | 2100 | 2 |
| M2 | 1500 | 2500 | 1 |
| C1 | 2000 | 1500 | 4 |
| C2 | 1500 | 1500 | 5 |

外墙面：1∶3水泥砂浆抹底灰，50×230外墙面砖水泥砂浆粘贴；内墙（含附墙柱梁）面和独立柱面：1∶1∶6混合砂浆底纸筋灰面。地面：碎石垫层80厚，C15混凝土垫层70厚，1∶3水泥砂浆找平15厚，1∶2水泥砂浆面层20厚。水泥砂浆踢脚线。混凝土天棚面：水泥纸筋灰砂浆底纸筋灰面。试计算该房屋工程底层外墙面、内墙面、地面、天棚装饰项目的工程量，并列出预算表计算直接工程费。假设外墙门靠外墙内边线、外墙窗居外墙中心线安装，门窗框厚90mm；人工、材料、机械台班单价均暂按定额取定价计算。

**【解】** 由于本工程底层各房间的建筑装饰做法相同，故可采用统筹法计算各项工程量。

(1) 工程量计算基数

底层建筑面积＝14.24×12.24＝174.2976m$^2$

外墙中心线＝(14＋12)×2＝52m

内墙净长线＝6＋12－0.12×4＝17.52m

外墙外边线＝52＋0.24×4＝52.96m

外墙内边线＝52－0.24×4＝51.04m

外墙净长＝52－(0.28×2＋0.4×2)×2－(0.48×2＋0.6)×2＝52－2.72－3.12＝46.16m

内墙净长＝6＋12－(0.28＋0.2)－(0.48×2＋0.6)＝18－0.48－1.56＝15.96m

(2) 计算外墙面装饰工程量

外墙门窗洞口面积＝1.5×2.5＋2.0×1.5×4＋1.5×1.5×5＝27.00m$^2$

内墙门窗洞口面积＝1.0×2.1×2＝4.20m$^2$

外墙门窗洞口侧壁面积＝(1.5＋2.5×2)×(0.24－0.09)＋[(2.0＋1.5)×2×4＋(1.5＋1.5)×2×5]×(0.24－0.09)/2＝0.975＋4.350＝5.325m$^2$

50×230外墙面砖水泥砂浆粘贴：

$S$＝外墙外边线×镶贴高度－外墙门窗洞口面积＋外墙门窗洞口侧壁面积＝52.96×(6.50＋0.15)－27.00＋5.325＝330.51m$^2$

外墙面 1∶3 水泥砂浆抹底灰：330.51m²

(3) 计算内墙面装饰工程量

附墙柱侧面积＝(0.16×2＋0.08×2＋0.36×2×2)×(6.50－0.12)＝1.92×6.38＝12.25m²

附墙梁底面积＝46.16×(0.3－0.24)＋15.96×(0.3－0.24)＝2.7696＋0.9576＝3.73m²

内墙面 1∶1∶6 混合砂浆底纸筋灰面：$S$＝(外墙内边线＋内墙净长线×2－T 形搭接墙厚)×抹灰高度－外墙门窗洞口面积－内墙门窗洞口面积×2＋附墙柱侧面积＋附墙梁底面积＝(51.04＋17.52×2－0.24×4)×(6.50－0.12)－27.00－4.20×2＋12.2496＋3.7272＝543.0656－27.00－8.40＋12.2496＋3.7272＝523.6424＝523.64m²

单独混凝土柱面 1∶1∶6 混合砂浆底纸筋灰面：(0.4＋0.6)×2×(6.50－0.12)＝12.76m²

(4) 计算地面装饰工程量

地面面积＝建筑面积－(外墙中心线＋内墙净长线)×墙厚＝174.2976－(52＋17.52)×0.24＝157.62m²

碎石地坪垫层 80 厚：157.6128×0.08＝12.61m³

C15 混凝土地坪垫层 70 厚：157.6128×0.07＝11.03m³

1∶3 水泥砂浆找平 15 厚：157.61m²

1∶2 水泥砂浆面层 20 厚：157.61m²

水泥砂浆踢脚线：$S$＝[(外墙内边线＋内墙净长线×2－T 形搭接墙厚)＋附墙柱两侧宽＋独立柱周长]×高度＝[(51.04＋17.52×2－0.24×4)＋(0.16×2＋0.08×2＋0.36×2×2)＋(0.4＋0.6)×2]×0.15＝89.04×0.15＝13.36m²

(5) 计算天棚面装饰工程量

带梁天棚梁侧面积＝(8－0.28－0.4×1.5)×(0.6－0.12)×2＋(12－0.48×2－0.6)×(0.7－0.12)×2＋(6－0.18－0.15)×(0.5－0.12)×2×2＋(6－0.18－0.15－0.25)×(0.4－0.12)×2×2＝7.12×0.48×2＋10.44×0.58×2＋5.67×0.38×4＋5.42×0.28×4＝33.63m²

附墙梁底面积＝3.73m²

混凝土天棚水泥纸筋灰砂浆底纸筋灰面：$S$＝建筑面积－(外墙中心线＋内墙净长线)×墙厚＋带梁天棚梁侧面积－附墙梁底面积＝174.2976－(52＋17.52)×0.24＋33.6344－3.7272＝157.6128＋33.6344－3.7272＝187.52m²

(6) 列出预算表计算外墙面、内墙面、地面、天棚装饰项目的直接工程费

| 定额编号 | 项目名称 | 计量单位 | 工程数量 | 单价/元 | 合价/元 | 单价计算式 |
|---|---|---|---|---|---|---|
| 3-9 | 碎石地坪垫层 | $m^3$ | 12.61 | 73.7 | 92.9 | |
| 4-125H | C15 混凝土地坪垫层 | $m^3$ | | 11.03 | 2000 | 196.3+1.015×(144.24－158.96)=181.36 |
| 10-1-2 | 1∶3 水泥砂浆找平 15 厚 | $m^2$ | 157.61 | 4.69 | 739 | 5.61－0.92=4.69 |
| 10-3 | 1∶2 水泥砂浆面层 20 厚 | $m^2$ | 157.61 | 8.19 | 1291 | |
| 10-85 | 水泥砂浆踢脚线 | m | 13.36 | 13.91 | 186 | |
| 11-1H | 内墙面 1∶1∶6 混合砂浆底纸筋灰面 | $m^2$ | 523.64 | 8.12 | 4252 | 7.28+0.0209×(134.99－95.03)=8.12 |
| 11-29H | 单独混凝土柱面 1∶1∶6 混合砂浆底纸筋灰面 | $m^2$ | 12.76 | 9.05 | 115 | 9.83 + 0.02 × (134.99 －173.92)=9.05 |
| 11B-1 | 外墙面 1∶3 水泥砂浆抹底灰 | $m^2$ | 330.51 | 5.65 | 1867 | |
| 11-93 | 50×230 外墙面砖水泥砂浆粘贴 | $m^2$ | 40.93 | 40.93 | 13528 | |
| 12-7 | 混凝土天棚水泥纸筋灰砂浆底纸筋灰面 | $m^2$ | 187.52 | 7.48 | 1403 | |
| | 合计 | | | | 26310 | |

因此，本工程外墙面、内墙面、地面、天棚装饰项目的直接工程费为 26310 元。

| 序号 | 计算方法 | 费用项目 | 工程造价计算公式 |
|---|---|---|---|
| 1 | 按预算表 | 直接工程费 | 26310 元 |
| 2 | 按规定标准计算 | 措施费 | 3600 元 |
| 3 | (1)+(2) | 小计(直接费) | 26310+3600=29910 元 |
| 4 | (3)×相应费率 | 间接费 | 29910×(1+25%)=29910+7477.5=37387.5 元 |
| 5 | [(3)+(4)]×相应利润率 | 利润 | 37387.5×(1+28%)=37387.5+10468.5=47856 元 |
| 6 | (3)+(4)+(5) | 合计 | 29910+37387.5+47856=115153.5 元 |
| 7 | (6)×(1+相应税率) | 含税造价 | 115153.5×(1+3.44%)=115153.5+3961.8=119114.8 元 |

# 3.4 小结

本章是全书内容的重点之一，主要从工程量计算、定额套用和工程价格计算 3 方面讲解，归纳如下。

① 建筑装饰工程施工图工程量计算，主要从楼地面工程、墙柱面工程、天

棚工程、门窗工程、油漆、涂料、裱糊工程、零星工程、超高工程量、脚手架工程量及垂直运输等九项进行计算，并列大量例题进行讲解。

② 通过某房屋单位工程装饰施工图预算编制主要从人工、材料、机械台班消耗量考虑，不同的进行调整，把详细内容介绍给读者。

③ 工程计价的作用。从工程量清单计价角度看，其主要作用有：a. 引入了市场的竞争机制，真正实现了市场决定价格；b. 实现资源优化配置，帮助招标方获得合理造价；c. 促进了企业自身发展，实现整个行业的优胜劣汰机制；d. 有效实现了我国工程造价与国际惯例工程造价的接轨，加快我国装饰行业向国际发展的步伐。

# 4 建筑装饰工程清单计价的编制

## 4.1 建筑装饰工程清单计量

装饰装修工程量清单是具有编制招标文件能力的招标人，或受其委托具有相应资质的中介机构所编制的。是拟建工程的分部分项工程项目、措施项目、其他项目名称和相应数量的明细清单。

### 4.1.1 楼地面工程量的计算

(1) 整体面层

工程量清单项目设置及工程量计算规则见表 4.1。

表 4.1 整体面层

<table>
<tr><th>项目名称</th><th>细目编码</th><th>细目名称</th><th>计量单位</th><th>工作内容</th><th>计算规则</th></tr>
<tr><td rowspan="3">水泥砂浆楼地面</td><td>0201010010□□</td><td>水泥砂浆楼地面</td><td rowspan="5">m²</td><td rowspan="3">1. 基层清理<br>2. 垫层铺设<br>3. 抹找平层<br>4. 防水层铺设<br>5. 抹面层<br>6. 材料运输</td><td rowspan="5">按设计图示尺寸以面积计算。扣除突出地面构筑物、设备基础、室内铁道、地沟等所占面积，不扣除间壁墙和 0.3m² 以内的柱、垛、附墙烟囱及孔洞所占面积。门洞、空圈、暖气包槽、壁龛的开口部分不增加面积</td></tr>
<tr><td>0201010011□□</td><td>水泥石屑砂浆楼地面</td></tr>
<tr><td>0201010012□□</td><td>水泥豆石浆楼地面</td></tr>
<tr><td rowspan="2">现浇水磨石楼地面</td><td>0201010020□□</td><td>本色现浇水磨石楼地面</td><td rowspan="2">1. 基层清理<br>2. 垫层铺设<br>3. 抹找平层<br>4. 防水层铺设<br>5. 面层铺设<br>6. 嵌缝条安装<br>7. 磨光、酸洗、打蜡<br>8. 材料运输</td></tr>
<tr><td>0201010021□□</td><td>彩色现浇水磨石楼地面</td></tr>
</table>

续表

| 项目名称 | 细目编码 | 细目名称 | 计量单位 | 工作内容 | 计算规则 |
|---|---|---|---|---|---|
| 细石混凝土楼地面 | 0201010030□□ | 细石混凝土楼地面 | $m^2$ | 1. 基层清理<br>2. 垫层铺设<br>3. 抹找平层<br>4. 防水层铺设<br>5. 面层铺设<br>6. 材料运输 | 按设计图示尺寸以面积计算。扣除突出地面构筑物、设备基础、室内铁道、地沟等所占面积,不扣除间壁墙和 0.3$m^2$ 以内的柱、垛、附墙烟囱及孔洞所占面积。门洞、空圈、暖气包槽、壁龛的开口部分不增加面积 |
| 菱苦土楼地面 | 0201010040□□ | 菱苦土楼地面 | | 1. 基层清理<br>2. 垫层铺设<br>3. 抹找平层<br>4. 防水层铺设<br>5. 面层铺设<br>6. 打蜡<br>7. 材料运输 | |

(2) 块料面层

工程量清单项目设置及工程量计算规则见表 4.2。

**表 4.2 块料面层**

| 项目名称 | 细目编码 | 细目名称 | 计量单位 | 工作内容 | 计算规则 |
|---|---|---|---|---|---|
| 石材楼地面 | 0201020010□□ | 大理石石材楼地面 | $m^2$ | 1. 基层清理、铺设垫层、抹找平层<br>2. 防水层铺设、填充层<br>3. 面层铺设<br>4. 嵌缝<br>5. 刷防护材料<br>6. 酸洗、打蜡<br>7. 材料运输 | 按设计图示尺寸以面积计算。扣除突出地面构筑物、设备基础、室内铁道、地沟等所占面积,不扣除间壁墙和 0.3$m^2$ 以内的柱、垛、附墙烟囱及孔洞所占面积。门洞、空圈、暖气包槽、壁龛的开口部分不增加面积 |
| | 0201020011□□ | 花岗岩石材楼地面 | | | |
| | 0201020012□□ | 青石石材楼地面 | | | |
| 块料楼地面 | 0201020020□□ | 预制水磨石块料楼地面 | | | |
| | 0201020021□□ | 陶瓷地砖块料楼地面 | | | |
| | 0201020022□□ | 玻璃地砖块料楼地面 | | | |
| | 0201020023□□ | 混凝土饰面砖块料楼地面 | | | |

(3) 橡塑面层

工程量清单项目设置及工程量计算规则见表 4.3。

表 4.3 橡塑面层

| 项目名称 | 细目编码 | 细目名称 | 计量单位 | 工作内容 | 计算规则 |
|---|---|---|---|---|---|
| 橡胶板楼地面 | 0201030010□□ | 橡胶板楼地面 | $m^2$ | 1. 基层清理、抹找平层<br>2. 铺设填充层<br>3. 面层铺设<br>4. 压缝条装订<br>5. 材料运输 | 按设计图示尺寸以面积计算。门洞、空圈、暖气包槽、壁龛的开口部分并入相应的工程量内 |
| 橡胶卷材楼地面 | 0201030020□□ | 橡胶卷材楼地面 | | | |
| 塑料板楼地面 | 0201030030□□ | 塑料板楼地面 | | | |
| 塑料卷材楼地面 | 0201030040□□ | 塑料卷材楼地面 | | | |

（4）其他材料面层

工程量清单项目设置及工程量计算规则见表 4.4。

表 4.4 其他材料面层

| 项目名称 | 细目编码 | 细目名称 | 计量单位 | 工作内容 | 计算规则 |
|---|---|---|---|---|---|
| 楼地面地毯 | 0201040010□□ | 羊毛地毯楼地面 | $m^2$ | 1. 基层清理、抹找平层<br>2. 铺设填充层、防潮层<br>3. 铺贴面层<br>4. 刷防护材料<br>5. 装订压缝条<br>6. 材料运输 | 按设计图示尺寸以面积计算。门洞、空圈、暖气包槽、壁龛的开口部分并入相应的工程量内 |
| | 0201040011□□ | 楼地面混纺地毯 | | | |
| | 0201040012□□ | 楼地面化纤地毯 | | | |
| | 0201040013□□ | 楼地面塑料地毯 | | | |
| | 0201040014□□ | 楼地面剑麻地毯 | | | |
| 竹木地板 | 0201040020□□ | 木地板 | | 1. 基层清理、抹找平层<br>2. 铺设填充层、防潮层<br>3. 龙骨铺设<br>4. 铺设基层<br>5. 面层铺设<br>6. 刷防护材料 | |
| | 0201040021□□ | 竹地板 | | | |
| 防静电活动地板 | 0201040030□□ | 金属防静电活动地板 | | 1. 清理基层、抹找平层<br>2. 铺设填充层<br>3. 固定支架安装<br>4. 活动面层安装<br>5. 刷防护材料<br>6. 材料运输 | |
| | 0201040031□□ | 木质防静电活动地板 | | | |
| 金属复合地板 | 0201040040□□ | 金属复合地板 | | 1. 清理基层、抹找平层<br>2. 铺设填充层<br>3. 龙骨铺设<br>4. 基层铺设<br>5. 面层铺设<br>6. 刷防护材料<br>7. 材料运输 | |

（5）踢脚线

工程量清单项目设置及工程量计算规则见表 4.5。

**表 4.5 踢脚线**

| 项目名称 | 细目编码 | 细目名称 | 计量单位 | 工作内容 | 计算规则 |
| --- | --- | --- | --- | --- | --- |
| 水泥砂浆踢脚线 | 0201050010□□ | 水泥砂浆踢脚线 | m² | 1. 基层清理<br>2. 底层抹灰<br>3. 面层铺贴<br>4. 勾缝<br>5. 磨光、打蜡、酸洗<br>6. 刷防护材料<br>7. 材料运输 | 按设计图示长度乘以高度以面积计算 |
| | 0201050011□□ | 水泥石屑砂浆踢脚线 | | | |
| | 0201050012□□ | 水泥豆石浆踢脚线 | | | |
| 石材踢脚线 | 0201050020□□ | 大理石石材踢脚线 | | | |
| | 0201050021□□ | 花岗岩石材踢脚线 | | | |
| 块料踢脚线 | 0201050030□□ | 预制水磨石板踢脚线 | | | |
| | 0201050031□□ | 玻璃块料踢脚线 | | | |
| | 0201050032□□ | 混凝土饰面块料踢脚线 | | | |
| | 0201050033□□ | 陶瓷块料踢脚线 | | | |
| 现浇水磨石踢脚线 | 0201050040□□ | 现浇水磨石踢脚线 | | | |
| 塑料板踢脚线 | 0201050050□□ | 塑料板踢脚线 | | | |
| 木质踢脚线 | 0201050060□□ | 实木踢脚线 | | 1. 基层清理<br>2. 基层抹灰<br>3. 基层铺贴<br>4. 面层铺贴<br>5. 刷防护材料<br>6. 刷油漆<br>7. 材料运输 | |
| | 0201050061□□ | 复合板踢脚线 | | | |
| 金属踢脚线 | 0201050070□□ | 金属踢脚线 | | | |
| 防静电踢脚线 | 0201050080□□ | 防静电踢脚线 | | | |

(6) 楼梯装饰

工程量清单项目设置及工程量计算规则见表4.6。

表4.6 楼梯装饰

| 项目名称 | 细目编码 | 细目名称 | 计量单位 | 工作内容 | 计算规则 |
| --- | --- | --- | --- | --- | --- |
| 石材楼梯面层 | 0201060010□□ | 大理石石材楼梯面 | $m^2$ | 1. 基层清理<br>2. 抹找平层<br>3. 面层铺贴<br>4. 贴嵌防滑条<br>5. 勾缝<br>6. 刷防护材料<br>7. 酸洗。打蜡<br>8. 材料运输 | 按设计图示尺寸以楼梯(包括踏步、休息平台及500mm以内的楼梯井)水平投影面积计算。楼梯与楼地面相连时,算至梯口梁内侧边沿;无梯口梁者,算至最上一层踏步边沿加300mm |
| | 0201060011□□ | 花岗岩石材楼梯面 | | | |
| 块料楼梯面层 | 0201060020□□ | 预制水磨石板楼梯面 | | | |
| | 0201060021□□ | 陶瓷地砖块料楼梯面层 | | | |
| | 0201060022□□ | 玻璃块料楼梯面层 | | | |
| | 0201060023□□ | 混凝土饰面地砖块料楼梯面层 | | | |
| 水泥砂浆楼梯面 | 0201060030□□ | 水泥砂浆楼梯面 | | 1. 基层清理<br>2. 抹找平层<br>3. 抹面层<br>4. 抹防滑条<br>5. 材料运输 | |
| | 0201060031□□ | 水泥石屑浆楼梯面 | | | |
| | 0201060032□□ | 水泥豆石浆楼梯面 | | | |
| 现浇水磨石楼梯面 | 0201060040□□ | 现浇本色水磨石楼梯面 | | 1. 基层清理<br>2. 抹找平层<br>3. 抹灰面层<br>4. 贴嵌防滑条<br>5. 磨光、打蜡、酸洗<br>6. 材料运输 | |
| | 0201060041□□ | 现浇彩色水磨石楼梯面 | | | |
| 地毯楼梯面 | 0201060050□□ | 羊毛地毯楼梯面 | | 1. 基层清理<br>2. 抹找平层<br>3. 铺贴面层<br>4. 固定配件安装<br>5. 刷防护材料<br>6. 材料运输 | |
| | 0201060051□□ | 混纺地毯楼梯面 | | | |
| | 0201060052□□ | 化纤地毯楼梯面 | | | |
| | 0201060053□□ | 塑料地毯楼梯面 | | | |
| | 0201060054□□ | 剑麻地毯楼梯面 | | | |
| 木板楼梯面 | 0201060060□□ | 实木木板楼梯面 | | 1. 基层清理<br>2. 抹找平层<br>3. 基层铺贴<br>4. 面层铺贴<br>5. 刷防护材料<br>6. 材料运输 | |
| | 0201060061□□ | 复合木板楼梯面 | | | |
| | 0201060062□□ | 竹木板楼梯面 | | | |

(7) 扶手、栏杆、栏板装饰

工程量清单项目设置及工程量计算规则见表 4.7。

**表 4.7 扶手、栏杆、栏板装饰**

| 项目名称 | 细目编码 | 细目名称 | 计量单位 | 工作内容 | 计算规则 |
|---|---|---|---|---|---|
| 金属扶手、带栏杆、栏板 | 0201070010□□ | 铝合金金属扶手带栏杆、栏板 | m | 1. 制作<br>2. 运输<br>3. 安装<br>4. 刷防护材料<br>5. 刷油漆 | 按设计图示尺寸以扶手中心线长度(包括弯头长度)计算 |
| | 0201070011□□ | 不锈钢金属扶手带栏杆、栏板 | | | |
| | 0201070012□□ | 钢管金属扶手带栏杆、栏板 | | | |
| | 0201070013□□ | 铜管金属扶手带栏杆、栏板 | | | |
| | 0201070014□□ | 彩钢金属扶手带栏杆、栏板 | | | |
| 硬木扶手带栏杆、栏板 | 0201070020□□ | 硬木扶手带栏杆、栏板 | | 1. 制作<br>2. 运输<br>3. 安装<br>4. 刷防护材料<br>5. 刷油漆 | |
| 塑料扶手带栏杆、栏板 | 0201070030□□ | 塑料扶手带栏杆、栏板 | | | |
| 金属靠墙扶手 | 0201070040□□ | 铝合金金属靠墙扶手 | | | |
| | 0201070041□□ | 不锈钢金属靠墙扶手 | | | |
| | 0201070042□□ | 钢管金属靠墙扶手 | | | |
| | 0201070043□□ | 铜管金属靠墙扶手 | | | |
| | 0201070044□□ | 彩钢金属靠墙扶手 | | | |
| 硬木靠墙扶手 | 0201070050□□ | 硬木靠墙扶手 | | | |
| 塑料靠墙扶手 | 0201070060□□ | 塑料靠墙扶手 | | | |

（8）台阶饰面

工程量清单项目设置及工程量计算规则见表 4.8。

**表 4.8　台阶饰面**

| 项目名称 | 细目编码 | 细目名称 | 计量单位 | 工作内容 | 计算规则 |
| --- | --- | --- | --- | --- | --- |
| 石材台阶面 | 0201080010□□ | 大理石石材台阶面 | $m^2$ | 1. 基层清理<br>2. 铺设垫层<br>3. 抹找平层<br>4. 面层铺贴<br>5. 贴嵌防滑条<br>6. 勾缝<br>7. 刷防护材料<br>8. 材料运输 | 按设计图示尺寸以台阶（包括最上一层踏步边沿加 300mm）水平投影面积计算 |
| | 0201080011□□ | 花岗岩石材台阶面 | | | |
| | 0201080012□□ | 青石石材台阶面 | | | |
| 块料台阶面 | 0201080020□□ | 预制水磨石板台阶面 | | | |
| | 0201080021□□ | 陶瓷地砖台阶面 | | | |
| | 0201080022□□ | 玻璃地砖台阶面 | | | |
| | 0201080023□□ | 混凝土饰面地砖台阶面 | | | |
| 水泥砂浆台阶面 | 0201080030□□ | 水泥砂浆台阶面 | | | |
| | 0201080031□□ | 水泥石屑砂浆台阶面 | | | |
| | 0201080032□□ | 水泥豆石砂浆台阶面 | | | |
| 现浇水磨石台阶面 | 0201080040□□ | 现浇水磨石台阶面 | | 1. 基层清理<br>2. 铺设垫层<br>3. 抹找平层<br>4. 抹面层<br>5. 贴嵌防滑条<br>6. 打磨、酸洗、打蜡<br>7. 材料运输 | |
| 剁假面台阶面 | 0201080041□□ | 剁假面台阶面 | | 1. 基层清理<br>2. 铺设垫层<br>3. 抹找平层<br>4. 抹面层<br>5. 剁假石<br>6. 材料运输 | |

(9) 零星装饰项目

工程量清单项目设置及工程量计算规则见表 4.9。

**表 4.9 零星装饰项目**

| 项目名称 | 细目编码 | 细目名称 | 计量单位 | 工作内容 | 计算规则 |
|---|---|---|---|---|---|
| 石材零星项目 | 0201090010□□ | 大理石石材零星项目 | $m^2$ | 1. 基层清理<br>2. 抹找平层<br>3. 面层铺贴<br>4. 勾缝<br>5. 刷防护材料<br>6. 酸洗、打蜡<br>7. 材料运输 | 按设计图示尺寸以面积计算 |
| | 0201090011□□ | 花岗岩石材零星项目 | | | |
| 碎拼石材零星项目 | 0201090020□□ | 大理石碎拼石材零星项目 | | | |
| | 0201090021□□ | 花岗岩碎拼石材零星项目 | | | |
| 块料零星项目 | 0201090030□□ | 预制水磨石块料零星项目 | | 1. 基层清理<br>2. 抹找平层<br>3. 面层铺贴<br>4. 勾缝<br>5. 刷防护材料<br>6. 酸洗、打蜡<br>7. 材料运输 | |
| | 0201090031□□ | 陶瓷地砖块料零星项目 | | | |
| | 0201090032□□ | 玻璃地砖块料零星项目 | | | |
| | 0201090033□□ | 混凝土饰面块料零星项目 | | | |
| 水泥砂浆零星项目 | 0201090040□□ | 水泥砂浆零星项目 | | 1. 基层清理<br>2. 抹找平层<br>3. 抹面层<br>4. 材料运输 | |

### 4.1.2 墙、柱面工程量的计算

(1) 墙面抹灰工程

工程量清单项目设置及工程量计算规则见表 4.10。

**表 4.10 墙面抹灰**

| 项目名称 | 细目编码 | 细目名称 | 计量单位 | 工作内容 | 计算规则 |
|---|---|---|---|---|---|
| 墙面一般抹灰 | 020201010□□ | 砖墙面一般抹灰 | m² | 1. 基层清理<br>2. 砂浆制作、运输<br>3. 底层抹灰<br>4. 抹面层<br>5. 抹装饰面<br>6. 勾分格缝 | 按设计图示尺寸以面积计算。扣除墙裙、门窗洞口及单个 0.3m² 以外的孔洞面积，不扣除踢脚线、挂镜线和墙与构件交接处的面积，门窗洞口和孔洞的侧壁及顶面不增加面积，附墙柱、梁、垛、烟囱侧壁并入相应的墙面面积内。<br>1. 外墙抹灰面积按外墙垂直投影面积计算。<br>2. 外墙裙抹灰面积按其长度乘以高度计算。<br>3. 内墙抹灰面积按主墙间的净长乘以高度计算。<br>4. 内墙裙抹灰面积按内墙净长乘以高度计算 |
| | 020201011□□ | 混凝土墙面一般抹灰 | | | |
| | 020201012□□ | 轻质墙面一般抹灰 | | | |
| | 020201013□□ | 钢板网墙面一般抹灰 | | | |
| | 020201014□□ | 毛石墙面一般抹灰 | | | |
| | 020201015□□ | 加气混凝土墙面一般抹灰 | | | |
| 墙面一般抹灰 | 0202010020□□ | 水刷石装饰抹灰墙面 | | | |
| | 0202010021□□ | 干黏石装饰抹灰墙面 | | | |
| | 0202010022□□ | 斩假石装饰抹灰墙面 | | | |
| | 0202010023□□ | 假面砖装饰抹灰墙面 | | | |
| | 0202010024□□ | 拉条、甩毛装饰抹灰墙面 | | | |
| 墙面勾缝 | 0202010030□□ | 墙面勾缝 | | 1. 基层清理<br>2. 砂浆制作、运输<br>3. 勾缝 | |

(2) 柱面抹灰工程

工程量清单项目设置及工程量计算规则见表 4.11。

**表 4.11 柱面抹灰**

<table>
<tr><th>项目名称</th><th>细目编码</th><th>细目名称</th><th>计量单位</th><th>工作内容</th><th>计算规则</th></tr>
<tr><td rowspan="2">柱面一般抹灰</td><td>0202020010□□</td><td>砖柱面一般抹灰</td><td rowspan="8">m²</td><td rowspan="7">1. 基层清理<br>2. 砂浆制作、运输<br>3. 底层抹灰<br>4. 抹面层<br>5. 抹装饰面<br>6. 勾分格缝</td><td rowspan="8">按设计图示柱断面周长乘以高度以面积计算</td></tr>
<tr><td>0202020011□□</td><td>混凝土柱面一般抹灰</td></tr>
<tr><td rowspan="5">柱面装饰抹灰</td><td>0202020020□□</td><td>水刷石装饰抹灰柱面</td></tr>
<tr><td>0202020021□□</td><td>干黏石装饰抹灰柱面</td></tr>
<tr><td>0202020022□□</td><td>斩假石装饰抹灰柱面</td></tr>
<tr><td>0202020023□□</td><td>假面砖装饰抹灰柱面</td></tr>
<tr><td>0202020024□□</td><td>拉条、甩毛装饰抹灰柱面</td></tr>
<tr><td>柱面勾缝</td><td>0202020030□□</td><td>柱面勾缝</td><td>1. 基层清理<br>2. 砂浆制作、运输<br>3. 勾缝</td></tr>
</table>

(3) 零星抹灰工程

工程量清单项目设置及工程量计算规则见表 4.12。

**表 4.12 零星抹灰**

<table>
<tr><th>项目名称</th><th>细目编码</th><th>细目名称</th><th>计量单位</th><th>工作内容</th><th>计算规则</th></tr>
<tr><td>零星项目一般抹灰</td><td>0202030010□□</td><td>零星项目一般抹灰</td><td rowspan="6">m²</td><td rowspan="6">1. 基层清理<br>2. 砂浆制作、运输<br>3. 底层抹灰<br>4. 抹面层<br>5. 抹装饰面<br>6. 勾分格缝</td><td rowspan="6">按设计图示尺寸以面积计算</td></tr>
<tr><td rowspan="5">零星项目装饰抹灰</td><td>0202030020□□</td><td>水刷石零星项目抹灰</td></tr>
<tr><td>0202030021□□</td><td>干黏石零星项目抹灰</td></tr>
<tr><td>0202030022□□</td><td>斩假石零星项目抹灰</td></tr>
<tr><td>0202030023□□</td><td>假面砖零星项目抹灰</td></tr>
</table>

(4) 墙面镶贴块料工程

工程量清单项目设置及工程量计算规则见表 4.13。

表 4.13　墙面镶贴块料

<table>
<tr><th>项目名称</th><th>细目编码</th><th>细目名称</th><th>计量单位</th><th>工作内容</th><th>计算规则</th></tr>
<tr><td rowspan="3">石材墙面</td><td>0202040010□□</td><td>大理石石材墙面</td><td rowspan="9">m²</td><td rowspan="6">1. 基层清理<br>2. 砂浆制作、运输<br>3. 底层抹灰<br>4. 结合层铺贴<br>5. 面层铺贴<br>6. 面层挂贴<br>7. 面层干挂<br>8. 嵌缝<br>9. 刷防护材料<br>10. 磨光、酸洗、打蜡</td><td rowspan="6">按设计图示尺寸以面积计算</td></tr>
<tr><td>0202040011□□</td><td>花岗岩石材墙面</td></tr>
<tr><td>0202040012□□</td><td>方块凸包石石材墙面</td></tr>
<tr><td rowspan="2">碎拼石材墙面</td><td>0202040020□□</td><td>大理石碎拼石材墙面</td></tr>
<tr><td>0202040021□□</td><td>花岗岩碎拼石材墙面</td></tr>
<tr><td>块料墙面</td><td>0202040030□□</td><td>块料墙面</td></tr>
<tr><td rowspan="2">干挂石材钢骨架</td><td>0202040040□□</td><td>干挂石材钢骨架</td><td rowspan="2">1. 骨架制作、运输、安装<br>2. 骨架油漆</td><td rowspan="2">按设计图示尺寸以质量计算</td></tr>
<tr><td>0202040041□□</td><td>干挂石材不锈钢骨架</td></tr>
</table>

(5) 柱面镶贴块料工程

工程量清单项目设置及工程量计算规则见表 4.14。

表 4.14　柱面镶贴块料

<table>
<tr><th>项目名称</th><th>细目编码</th><th>细目名称</th><th>计量单位</th><th>工作内容</th><th>计算规则</th></tr>
<tr><td rowspan="3">石材柱面</td><td>0202050010□□</td><td>大理石石材柱面</td><td rowspan="10">m²</td><td rowspan="6">1. 基层清理<br>2. 砂浆制作、运输<br>3. 底层抹灰<br>4. 结合层铺贴<br>5. 面层铺贴<br>6. 面层挂贴<br>7. 面层干挂<br>8. 嵌缝<br>9. 刷防护材料<br>10. 磨光、酸洗、打蜡</td><td rowspan="10">按设计图示尺寸以面积计算</td></tr>
<tr><td>0202050011□□</td><td>花岗岩石材柱面</td></tr>
<tr><td>0202050012□□</td><td>方块凸包石石材柱面</td></tr>
<tr><td rowspan="2">拼碎石材柱面</td><td>0202050020□□</td><td>大理石碎拼石材柱面</td></tr>
<tr><td>0202050021□□</td><td>花岗岩碎拼石材柱面</td></tr>
<tr><td>块料柱面</td><td>0202050030□□</td><td>块料柱面</td></tr>
<tr><td rowspan="3">石材梁面</td><td>0202050040□□</td><td>大理石石材梁面</td><td rowspan="4">1. 基层清理<br>2. 砂浆制作、运输<br>3. 底层抹灰<br>4. 结合层铺贴<br>5. 面层铺贴<br>6. 面层挂贴<br>7. 嵌缝<br>8. 刷防护材料<br>9. 磨光、酸洗、打蜡</td></tr>
<tr><td>0202050041□□</td><td>花岗岩石材梁面</td></tr>
<tr><td>0202050042□□</td><td>方块凸包石石材梁面</td></tr>
<tr><td>块料梁面</td><td>0202050050□□</td><td>块料梁面</td></tr>
</table>

(6) 零星镶贴块料工程

工程量清单项目设置及工程量计算规则见表 4.15。

**表 4.15 零星镶贴块料**

| 项目名称 | 细目编码 | 细目名称 | 计量单位 | 工作内容 | 计算规则 |
|---|---|---|---|---|---|
| 石材零星项目 | 0202060010□□ | 大理石石材零星项目 | m² | 1. 基层清理<br>2. 砂浆制作、运输<br>3. 底层抹灰<br>4. 结合层铺贴<br>5. 面层铺贴<br>6. 面层挂贴<br>7. 面层干挂<br>8. 嵌缝<br>9. 刷防护材料<br>10. 磨光、酸洗、打蜡 | 按设计图示尺寸以面积计算 |
| | 0202060011□□ | 花岗岩石材零星项目 | | | |
| | 0202060012□□ | 方块凸包石石材零星项目 | | | |
| 碎拼石材零星项目 | 0202060020□□ | 碎拼大理石零星项目 | | | |
| | 0202060021□□ | 碎拼花岗岩零星项目 | | | |
| 块料零星项目 | 0202060030□□ | 块料零星项目 | | | |

(7) 墙饰面工程

工程量清单项目设置及工程量计算规则见表 4.16。

**表 4.16 墙饰面**

| 项目名称 | 细目编码 | 细目名称 | 计量单位 | 工作内容 | 计算规则 |
|---|---|---|---|---|---|
| 装饰板墙面 | 0202070010□□ | 装饰玻璃饰面墙面 | m² | 1. 基层清理<br>2. 砂浆制作、运输<br>3. 底层抹灰<br>4. 龙骨制作、运输、安装<br>5. 钉隔离层<br>6. 基层铺钉<br>7. 面层铺贴<br>8. 刷防护材料，油漆 | 按设计图示净长乘以净高以面积计算。扣除门窗洞口及单个 0.3m² 以上的孔洞所占面积 |
| | 0202070011□□ | 金属饰面墙面 | | | |
| | 0202070012□□ | 木质饰面墙面 | | | |
| | 0202070013□□ | 装饰织物饰面墙面 | | | |
| | 0202070014□□ | 塑料制品饰面墙面 | | | |
| | 0202070015□□ | 复合板材饰面墙面 | | | |

(8) 柱（梁）饰面工程

工程量清单项目设置及工程量计算规则见表 4.17。

**表 4.17 柱（梁）饰面**

| 项目名称 | 细目编码 | 细目名称 | 计量单位 | 工作内容 | 计算规则 |
|---|---|---|---|---|---|
| 柱（梁）面装饰 | 0202080010□□ | 柱（梁）装饰玻璃饰面 | $m^2$ | 1. 基层清理<br>2. 砂浆制作、运输<br>3. 底层抹灰<br>4. 龙骨制作、运输、安装<br>5. 钉隔离层<br>6. 基层铺钉<br>7. 面层铺贴<br>8. 刷防护材料，油漆 | 按设计图示尺寸以面积计算。柱帽，柱墩并入相应柱饰面相应工程量内 |
| | 0202080011□□ | 柱（梁）金属饰面 | | | |
| | 0202080012□□ | 柱（梁）木质饰面 | | | |
| | 0202080013□□ | 柱（梁）装饰织物饰面 | | | |
| | 0202080014□□ | 柱（梁）塑料制品饰面 | | | |
| | 0202080015□□ | 柱（梁）复合板材饰面 | | | |

(9) 隔断工程

工程量清单项目设置及工程量计算规则见表 4.18。

**表 4.18 隔断**

| 项目名称 | 细目编码 | 细目名称 | 计量单位 | 工作内容 | 计算规则 |
|---|---|---|---|---|---|
| 隔断 | 0202090010□□ | 玻璃隔断 | $m^2$ | 1. 骨架及边框制作、运输、安装<br>2. 隔板制作、运输、安装<br>3. 嵌缝、塞口<br>4. 装钉、压条<br>5. 刷防护材料、油漆 | 按设计图示框外围尺寸以面积计算。扣除单个 0.3$m^2$ 以上的孔洞所占面积；浴厕门的材质与隔断相同时，门的面积并入隔断面积 |
| | 0202090011□□ | 金属隔断 | | | |
| | 0202090012□□ | 木隔断 | | | |
| | 0202090013□□ | 复合板隔断 | | | |
| | 0202090014□□ | 玻璃砖隔断 | | | |
| | 0202090015□□ | 塑钢隔断 | | | |

(10) 幕墙工程

工程量清单项目设置及工程量计算规则见表 4.19。

**表 4.19 幕墙**

| 项目名称 | 细目编码 | 细目名称 | 计量单位 | 工作内容 | 计算规则 |
| --- | --- | --- | --- | --- | --- |
| 带骨架幕墙 | 0202100010□□ | 带骨架玻璃幕墙 | m² | 1. 骨架制作、运输、安装<br>2. 面层安装<br>3. 嵌缝、塞口<br>4. 清洗 | |
| | 0202100011□□ | 带骨架铝塑板幕墙 | | | |
| | 0202100012□□ | 带骨架铝单板幕墙 | | | |
| 全玻璃幕墙 | 0202100020□□ | 挂式全玻璃幕墙 | | 1. 幕墙安装<br>2. 嵌缝、塞口<br>3. 清洗 | |
| | 0202100021□□ | 点式全玻璃幕墙 | | | |

## 4.1.3 天棚工程量的计算

(1) 天棚抹灰工程

工程量清单项目设置及工程量计算规则见表 4.20。

**表 4.20 天棚抹灰**

| 项目名称 | 细目编码 | 细目名称 | 计量单位 | 工作内容 | 计算规则 |
| --- | --- | --- | --- | --- | --- |
| 天棚抹灰 | 0203010010□□ | 混凝土天棚抹灰 | m² | 1. 基层清理<br>2. 底层抹灰<br>3. 抹面层<br>4. 抹装饰线条 | 按设计图示尺寸以水平投影面积计算。不扣除间壁墙、垛、柱、附墙烟囱，检查口和管道所占的面积，带梁天棚梁两侧抹灰面积并入天棚面积内，板式楼梯底面抹灰按斜面积计算 |
| | 0203010011□□ | 钢板网天棚抹灰 | | | |
| | 0203010012□□ | 板条及其他木质面天棚抹灰 | | | |

(2) 天棚吊顶工程

工程量清单项目设置及工程量计算规则见表 4.21。

表 4.21 天棚吊顶

| 项目名称 | 细目编码 | 细目名称 | 计量单位 | 工作内容 | 计算规则 |
|---|---|---|---|---|---|
| 天棚吊顶 | 0203020010□□ | 木质制品饰面天棚吊顶 | m² | 1. 基层清理<br>2. 龙骨安装<br>3. 基层板铺贴<br>4. 面层铺贴<br>5. 嵌缝<br>6. 刷防护材料、油漆 | 按设计图示尺寸以水平投影面积计算。天棚面中的灯槽及跌级、锯齿行、吊挂式、藻井式天棚面积不展开计算。不扣除间壁墙、垛、柱、附墙烟囱,柱、垛和管道所占面积,扣除单个 0.3m² 以上的孔洞、独立柱及与天棚相连的窗帘盒所占面积 |
| | 0203020011□□ | 塑料制品饰面天棚吊顶 | | | |
| | 0203020012□□ | 矿棉板饰面天棚吊顶 | | | |
| | 0203020013□□ | 复合板材饰面天棚吊顶 | | | |
| | 0203020014□□ | 金属制品饰面天棚吊顶 | | | |
| | 0203020015□□ | 装饰玻璃饰面天棚吊顶 | | | |
| | 0203020016□□ | 装饰织物饰面天棚吊顶 | | | |
| 格栅吊顶 | 0203020020□□ | 金属格栅吊顶 | | 1. 基层清理<br>2. 龙骨安装<br>3. 基层板铺贴<br>4. 面层铺贴<br>5. 嵌缝<br>6. 刷防护材料、油漆 | 按设计图示尺寸以水平投影面积计算 |
| | 0203020021□□ | 塑料格栅吊顶 | | | |
| | 0203020022□□ | 木格栅吊顶 | | | |
| 吊筒吊顶 | 0203020030□□ | 金属吊筒吊顶 | | 1. 基层清理<br>2. 底层抹灰<br>3. 吊筒安装<br>4. 刷防护材料、油漆 | |
| | 0203020031□□ | 木质吊筒吊顶 | | | |
| | 0203020032□□ | 塑料吊筒吊顶 | | | |
| 藤条造型悬挂吊顶 | 0203020040□□ | 藤条造型悬挂吊顶 | | 1. 基层清理<br>2. 底层抹灰<br>3. 龙骨安装<br>4. 面层铺贴<br>5. 刷防护材料、油漆 | |
| 织物软雕吊顶 | 0203020050□□ | 织物软雕吊顶 | | | |
| 网架吊顶 | 0203020060□□ | 钢网架吊顶 | | 1. 基层清理<br>2. 底层抹灰<br>3. 吊筒安装<br>4. 刷防护材料、油漆 | |
| | 0203020061□□ | 不锈钢网架吊顶 | | | |

(3) 天棚其他装饰工程

工程量清单项目设置及工程量计算规则见表4.22。

**表4.22 天棚其他装饰**

| 项目名称 | 细目编码 | 细目名称 | 计量单位 | 工作内容 | 计算规则 |
|---|---|---|---|---|---|
| 灯带 | 0203030010□□ | 灯带 | $m^2$ | 安装、固定 | 按设计图示尺寸以框外围面积计算 |
| 送风口、回风口 | 0203030020□□ | 木质送风口 | 个 | 1. 安装、固定<br>2. 刷防护材料 | 按设计图示数量计算 |
| | 0203030021□□ | 木质回风口 | | | |
| | 0203030022□□ | 金属送风口 | | | |
| | 0203030023□□ | 金属回风口 | | | |

## 4.1.4 门窗工程量计算

(1) 木门工程

工程量清单项目设置及工程量计算规则见表4.23。

**表4.23 木门**

| 项目名称 | 细目编码 | 细目名称 | 计量单位 | 工作内容 | 计算规则 |
|---|---|---|---|---|---|
| 镶板木门 | 0204010010□□ | 单扇镶板木门 | 樘 | 1. 门制作、运输、安装<br>2. 五金、玻璃安装<br>3. 刷防护材料、油漆 | 按设计图示数量计算 |
| | 0204010011□□ | 双扇镶板木门 | | | |
| 企口木板木门 | 0204010020□□ | 企口木板木门 | | | |
| 实木装饰木门 | 0204010030□□ | 实木装饰木门 | | | |
| 胶合板木门 | 0204010040□□ | 单扇胶合板木门 | | | |
| | 0204010041□□ | 双扇胶合板木门 | | | |
| | 0204010042□□ | 单扇半玻胶合板木门 | | | |
| | 0204010043□□ | 双扇半玻胶合板木门 | | | |
| | 0204010044□□ | 蒙板检查井木门 | | | |
| 夹板装饰木门 | 0204010050□□ | 夹板装饰木门 | | | |
| 木质防火门 | 0204010060□□ | 木质防火木门 | | | |
| 木纱门 | 0204010070 | 木纱门 | | | |
| 连窗木门 | 0204010080 | 连窗木门 | | | |

(2) 金属门工程

工程量清单项目设置及工程量计算规则见表 4.24。

**表 4.24　金属门**

| 项目名称 | 细目编码 | 细目名称 | 计量单位 | 工作内容 | 计算规则 |
|---|---|---|---|---|---|
| 金属平开门 | 0204020010□□ | 普通平开钢门 | 樘 | 1. 门制作、运输、安装<br>2. 五金、玻璃安装<br>3. 刷防护材料、油漆 | 按设计图示数量计算 |
| | 0204020020□□ | 铝合金平开门 | | | |
| 金属推拉门 | 0204020020□□ | 铝合金推拉门 | | | |
| 金属地弹门 | 0204020030□□ | 铝合金地弹门 | | | |
| 彩板门 | 0204020040□□ | 彩板门 | | | |
| 塑钢门 | 0204020050□□ | 塑钢门 | | | |
| 防盗门 | 0204020060□□ | 钢防盗门 | | | |
| | 0204020061□□ | 不锈钢防盗门 | | | |
| 钢质防火门 | 0204020070□□ | 钢质防火门 | | | |

(3) 金属卷帘门工程

工程量清单项目设置及工程量计算规则见表 4.25。

**表 4.25　金属卷帘门**

| 项目名称 | 细目编码 | 细目名称 | 计量单位 | 工作内容 | 计算规则 |
|---|---|---|---|---|---|
| 金属卷闸门 | 0204030010□□ | 铝合金卷闸门 | 樘 | 1. 门窗制作、运输、安装<br>2. 启动装置、五金安装<br>3. 刷防护材料、油漆 | 按设计图示数量计算 |
| | 0204030011□□ | 不锈钢卷闸门 | | | |
| 金属格栅门 | 0204030020□□ | 铝合金格栅门 | | | |
| | 0204030021□□ | 不锈钢格栅门 | | | |
| 防火卷帘门 | 0204030030□□ | 防火卷帘门 | | | |

(4) 其他门工程

工程量清单项目设置及工程量计算规则见表4.26。

**表4.26 其他门**

| 项目名称 | 细目编码 | 细目名称 | 计量单位 | 工作内容 | 计算规则 |
|---|---|---|---|---|---|
| 电子感应门 | 0204040010□□ | 电子感应门 | 樘 | 1. 门制作、运输、安装<br>2. 五金、电子配件安装<br>3. 刷防护材料、油漆 | 按设计图示数量计算 |
| 转门 | 0204040020□□ | 转门 | | | |
| 电子对讲门 | 0204040030□□ | 电子对讲门 | | | |
| 电动伸缩门 | 0204040040□□ | 不锈钢电动伸缩门 | | | |
| 全玻门(带扇窗) | 0204040050□□ | 全玻门(带扇窗) | | | |
| 全玻自由门(无扇窗) | 0204040060□□ | 全玻自由门(无扇窗) | | | |
| 半玻门(带扇窗) | 0204040070□□ | 半玻门(带扇窗) | | | |
| 镜面不锈钢饰面门 | 0204040080□□ | | | 1. 木门扇骨架及基层制作、运输、安装<br>2. 包面层<br>3. 五金安装<br>4. 刷防护材料 | |

(5) 木窗工程

工程量清单项目设置及工程量计算规则见表4.27。

**表4.27 木窗**

| 项目名称 | 细目编码 | 细目名称 | 计量单位 | 工作内容 | 计算规则 |
|---|---|---|---|---|---|
| 木质平开窗 | 0204050010□□ | 木质平开窗 | 樘 | 1. 窗制作、运输、安装<br>2. 五金、玻璃安装<br>3. 刷防护材料、油漆 | 按设计图示数量计算 |
| 木质推拉窗 | 0204050020□□ | 木质推拉窗 | | | |
| 矩形木百叶窗 | 0204050030□□ | 矩形木百叶窗 | | | |
| 异形木百叶窗 | 0204050040□□ | 异形木百叶窗 | | | |
| 木组合窗 | 0204050050□□ | 木组合窗 | | | |
| 木天窗 | 0204050060□□ | 木天窗 | | | |
| 矩形木固定窗 | 0204050070□□ | 矩形木固定窗 | | | |
| 异形木固定窗 | 0204050080□□ | 异形木固定窗 | | | |
| 装饰空花木窗 | 0204050090□□ | 装饰空花木窗 | | | |

（6）金属窗工程

工程量清单项目设置及工程量计算规则见表4.28。

**表4.28　金属窗**

| 项目名称 | 细目编码 | 细目名称 | 计量单位 | 工作内容 | 计算规则 |
|---|---|---|---|---|---|
| 金属推拉窗 | 0204060010□□ | 铝合金推拉窗 | 樘 | 1. 制作、运输、安装<br>2. 五金、玻璃安装<br>3. 刷防护材料、油漆 | 按设计图示数量计算 |
| | 0204060011□□ | 钢推拉窗 | | | |
| | 0204060012□□ | 不锈钢推拉窗 | | | |
| 金属平开窗 | 0204060020□□ | 普通平开窗 | | | |
| | 0204060021□□ | 铝合金平开窗 | | | |
| 金属固定窗 | 0204060030□□ | 普通固定钢窗 | | | |
| | 0204060031□□ | 铝合金固定窗 | | | |
| | 0204060032□□ | 不锈钢无框固定窗 | | | |
| 金属百叶窗 | 0204060040□□ | 铝合金百叶窗 | | | |
| | 0204060041□□ | 不锈钢百叶窗 | | | |
| 金属组合窗 | 0204060050□□ | 组合钢窗 | | | |
| | 0204060051□□ | 钢天窗 | | | |
| 彩板窗 | 0204060060□□ | 彩板窗 | | | |
| | 0204060061□□ | 铝塑窗 | | | |
| 塑钢窗 | 0204060070□□ | 塑钢窗 | | | |
| 金属防盗窗 | 0204060080□□ | 铝合金防盗窗 | | | |
| | 0204060081□□ | 钢铝复合防盗窗 | | | |
| | 0204060082□□ | 不锈钢防盗窗 | | | |
| 金属格栅窗 | 0204060100□□ | 金属格栅窗 | | | |
| 特殊五金 | 0204060010□□ | 特殊五金 | 个/套 | 1. 五金安装<br>2. 刷防护材料、油漆 | 按设计图示数量计算 |

（7）门窗套工程

工程量清单项目设置及工程量计算规则见表4.29。

**表4.29　门窗套**

| 项目名称 | 细目编码 | 细目名称 | 计量单位 | 工作内容 | 计算规则 |
|---|---|---|---|---|---|
| 门套窗 | 0204070010□□ | 木门窗 | $m^2$ | 1. 基层清理<br>2. 抹找平层<br>3. 立筋制作、安装<br>4. 基层板安装<br>5. 面层铺贴<br>6. 刷防护材料、油漆 | 按设计图示尺寸以长度计算 |
| | 0204070011□□ | 门套窗 | | | |
| 金属门套窗 | 0204070020□□ | 金属门套 | | | |
| | 0204070021□□ | 金属窗套 | | | |
| 石材门套窗 | 0204070030□□ | 石材门套 | | | |
| | 0204070031□□ | 石材窗套 | | | |
| 木门套窗 | 0204070040□□ | 木门窗 | | | |
| 硬木筒纸板 | 0204070050□□ | 硬木筒纸板 | | | |

(8) 窗帘盒、窗帘轨工程

工程量清单项目设置及工程量计算规则见表 4.30。

**表 4.30 窗帘盒、窗帘轨**

<table>
<tr><th>项目名称</th><th>细目编码</th><th>细目名称</th><th>计量单位</th><th>工作内容</th><th>计算规则</th></tr>
<tr><td>木窗帘盒</td><td>0204080010□□</td><td>木窗帘盒</td><td rowspan="6">m</td><td rowspan="6">1. 制作、运输、安装<br>2. 刷防护材料、油漆</td><td rowspan="6">按设计图示尺寸以长度计算</td></tr>
<tr><td>饰面夹板、塑料窗帘盒</td><td>0204080020□□</td><td>饰面夹板、塑料窗帘盒</td></tr>
<tr><td>铝合金窗帘盒</td><td>0204080030□□</td><td>铝合金窗帘盒</td></tr>
<tr><td rowspan="3">窗帘轨</td><td>0204080040□□</td><td>金属窗帘轨</td></tr>
<tr><td>0204080041□□</td><td>木窗帘轨</td></tr>
<tr><td>0204080042□□</td><td>塑料窗帘轨</td></tr>
</table>

(9) 窗台板工程

工程量清单项目设置及工程量计算规则见表 4.31。

**表 4.31 窗台板**

<table>
<tr><th>项目名称</th><th>细目编码</th><th>细目名称</th><th>计量单位</th><th>工作内容</th><th>计算规则</th></tr>
<tr><td>木窗台板</td><td>0204090010□□</td><td>木窗台板</td><td rowspan="4">m</td><td rowspan="4">1. 基层清理<br>2. 抹找平层<br>3. 窗台板制作<br>4. 刷防护材料、油漆</td><td rowspan="4">按设计图示尺寸以长度计算</td></tr>
<tr><td>铝塑窗台板</td><td>0204090020□□</td><td>铝塑窗台板</td></tr>
<tr><td>石材窗台板</td><td>0204090030□□</td><td>石材窗台板</td></tr>
<tr><td>金属窗台板</td><td>0204090040□□</td><td>金塑窗台板</td></tr>
</table>

(10) 相关问题的处理

① 玻璃、百叶面积占其门扇面积一半以内者应为半玻门或半百叶门，超过一半时应为全玻门或百叶门。

② 木门五金应包括：折页、插销、风钩、弓背拉手、搭扣、木螺丝、弹簧折页、管子拉手等。

③ 木窗五金应包括：折页插销、风钩、木螺丝、滑轮滑轨等。

④ 铝合金窗五金应包括：卡锁、滑轮、铰拉、执手、拉把、拉手、风撑、角码、牛角制等。

⑤ 铝合金门五金应包括：门锁、地弹簧、拉手、门铰、螺丝、门插等。

⑥ 其他门五金包括：L 形执手插锁、球型执手锁、门扎头、地锁、防盗门扣、门眼、门碰珠、电子销、闭门器、装饰拉手等。

### 4.1.5 油漆、涂料、裱糊工程量计算

(1) 木门油漆工程

工程量清单项目设置及工程量计算规则见表 4.32。

**表 4.32 木门油漆**

| 项目名称 | 细目编码 | 细目名称 | 计量单位 | 工作内容 | 计算规则 |
|---|---|---|---|---|---|
| 木门油漆 | 0205010010□□ | 单层木门油漆 | 樘 | 1. 基层清理<br>2. 刮腻子<br>3. 刷防护材料、油漆 | 按设计图示数量计算 |
| | 0205010011□□ | 双层木门油漆 | | | |
| | 0205010012□□ | 全玻门油漆 | | | |
| | 0205010013□□ | 木百叶门油漆 | | | |
| | 0205010014□□ | 半玻门门油漆 | | | |

(2) 窗油漆工程

工程量清单项目设置及工程量计算规则见表 4.33。

**表 4.33 窗油漆**

| 项目名称 | 细目编码 | 细目名称 | 计量单位 | 工作内容 | 计算规则 |
|---|---|---|---|---|---|
| 窗油漆 | 0205020010□□ | 单层木窗油漆 | 樘 | 1. 基层清理<br>2. 刮腻子<br>3. 刷防护材料、油漆 | 按设计图示数量计算 |
| | 0205020011□□ | 双层窗油漆 | | | |
| | 0205020012□□ | 单层组合窗油漆 | | | |
| | 0205020013□□ | 双层组合窗油漆 | | | |
| | 0205020014□□ | 木百叶窗油漆 | | | |

(3) 木扶手及其他板条线油漆工程

工程量清单项目设置及工程量计算规则见表 4.34。

**表 4.34 木扶手及其他板条线油漆**

| 项目名称 | 细目编码 | 细目名称 | 计量单位 | 工作内容 | 计算规则 |
|---|---|---|---|---|---|
| 木扶手油漆 | 0205030010□□ | 不带托板木扶手油漆 | m | 1. 基层清理<br>2. 刮腻子<br>3. 刷防护材料、油漆 | 按设计图示尺寸以长度计算 |
| | 0205030011□□ | 带托板木扶手油漆 | | | |
| 窗帘盒油漆 | 0205030020□□ | 窗帘盒油漆 | | | |
| 封檐板、顺水板框油漆 | 0205030030□□ | 封檐板、顺水板框油漆 | | | |
| 挂衣板、黑板框油漆 | 0205030040□□ | 挂衣板、黑板框油漆 | | | |
| 挂镜线、窗帘棍、单独木线条油漆 | 0205030050□□ | 挂镜线、窗帘棍、单独木线条油漆 | | | |

（4）木材面油漆工程

工程量清单项目设置及工程量计算规则见表 4.35。

表 4.35　木材面油漆

| 项目名称 | 细目编码 | 细目名称 | 计量单位 | 工作内容 | 计算规则 |
|---|---|---|---|---|---|
| 木板、纤维板、胶合板油漆 | 0205040010□□ | 木板、纤维板、胶合板油漆 | $m^2$ | 1. 基层清理<br>2. 刮腻子<br>3. 刷防护材料、油漆 | 按设计图示尺寸以面积计算 |
| 木护墙、木墙裙油漆 | 0205040020□□ | 木护墙、木墙裙油漆 | | | |
| 窗台板、筒子板、盖板、木门窗套、踢脚线油漆 | 0205040030□□ | 窗台板、筒子板、盖板、木门窗套、踢脚线油漆 | | | |
| 清水板条天棚、檐口油漆 | 0205040040□□ | 清水板条天棚、檐口油漆 | | | |
| 木方格吊顶天棚油漆 | 0205040050□□ | 木方格吊顶天棚油漆 | | | |
| 吸音板墙面、天棚面油漆 | 0205040060□□ | 吸音板墙面、天棚面油漆 | | | |
| 暖气罩油漆 | 0205040070□□ | 暖气罩油漆 | | | |
| 木间壁、木隔断油漆 | 0205040080□□ | 木间壁、木隔断油漆 | | | 按设计图示尺寸以单面外围面积计算 |
| 玻璃间壁露明墙筋油漆 | 0205040090□□ | 玻璃间壁露明墙筋油漆 | | | |
| 木栅栏、木栏杆油漆 | 0205040100□□ | 木栅栏、木栏杆油漆 | | | |
| 衣柜、壁柜油漆 | 0205040110□□ | 衣柜、壁柜油漆 | | | 按设计图示尺寸以油漆部分展开面积计算 |
| 梁、柱饰面油漆 | 0205040120□□ | 梁、柱饰面油漆 | | | |
| 零星木装饰油漆 | 0205040130□□ | 零星木装饰油漆 | | | |
| 木地板油漆 | 0205040140□□ | 木地板油漆 | | | 按设计图示尺寸以面积计算。空洞、空圈、暖气包槽、壁龛的开口部分并入相应的工程量内 |
| 木地板烫硬蜡面 | 0205040150□□ | 木地板烫硬蜡面 | | 1. 基层清理<br>2. 烫蜡 | |

(5) 金属面油漆工程

工程量清单项目设置及工程量计算规则见表 4.36。

**表 4.36 金属面油漆**

| 项目名称 | 细目编码 | 细目名称 | 计量单位 | 工作内容 | 计算规则 |
|---|---|---|---|---|---|
| 金属面油漆 | 0205050010□□ | 金属面油漆 | t | 1. 基层清理<br>2. 刮腻子<br>3. 刷防护材料、油漆 | 按设计图示尺寸以质量计算 |

(6) 抹灰面油漆工程

工程量清单项目设置及工程量计算规则见表 4.37。

**表 4.37 抹灰面油漆**

| 项目名称 | 细目编码 | 细目名称 | 计量单位 | 工作内容 | 计算规则 |
|---|---|---|---|---|---|
| 抹灰面油漆 | 0205060010□□ | 抹灰面油漆 | $m^2$ | 1. 基层清理<br>2. 刮腻子<br>3. 刷防护材料、油漆 | 按设计图示尺寸以面积计算 |
| 抹灰线条油漆 | 0205060020□□ | 抹灰线条油漆 | m | | 按设计图示尺寸以长度计算 |

(7) 喷刷、涂料工程

工程量清单项目设置及工程量计算规则见表 4.38。

**表 4.38 喷刷、涂料**

| 项目名称 | 细目编码 | 细目名称 | 计量单位 | 工作内容 | 计算规则 |
|---|---|---|---|---|---|
| 喷刷涂料 | 0205070010□□ | 内墙面喷刷涂料 | $m^2$ | 1. 基层清理<br>2. 刮腻子<br>3. 刷、喷涂料 | 按设计图示尺寸以面积计算 |
| | 0205070011□□ | 天棚面喷刷涂料 | | | |
| | 0205070012□□ | 外墙面喷刷涂料 | | | |
| | 0205070013□□ | 楼地面面喷刷涂料 | | | |

(8) 花饰、线条刷涂料工程

工程量清单项目设置及工程量计算规则见表 4.39。

**表 4.39 花饰、线条刷涂料**

| 项目名称 | 细目编码 | 细目名称 | 计量单位 | 工作内容 | 计算规则 |
|---|---|---|---|---|---|
| 空花格、栏杆刷涂料 | 0205080010□□ | 空花格、栏杆刷涂料 | $m^2$ | 1. 基层清理<br>2. 刮腻子<br>3. 刷、喷涂料 | 按设计图示尺寸以单面外围面积计算 |
| 线条刷涂料 | 0205080020□□ | 线条刷涂料 | m | | 按设计图示尺寸以长度计算 |

(9) 裱糊工程

工程量清单项目设置及工程量计算规则见表 4.40。

表 4.40 裱糊

| 项目名称 | 细目编码 | 细目名称 | 计量单位 | 工作内容 | 计算规则 |
|---|---|---|---|---|---|
| 墙纸裱糊 | 0205090010□□ | 墙面贴墙纸裱糊 | $m^2$ | 1. 基层清理<br>2. 刮腻子<br>3. 刷防护材料 | 按设计图示尺寸以面积计算 |
| | 0205090011□□ | 柱面贴墙纸裱糊 | | | |
| | 0205090012□□ | 天棚贴墙纸裱糊 | | | |
| 织锦裱糊 | 0205090020□□ | 墙面织锦裱糊 | | | |
| | 0205090021□□ | 柱面织锦裱糊 | | | |
| | 0205090022□□ | 天棚织锦裱糊 | | | |

## 4.1.6 其他工程量计算

(1) 柜类、货架工程

工程量清单项目设置及工程量计算规则见表 4.41。

表 4.41 柜类、货架

| 项目名称 | 细目编码 | 细目名称 | 计量单位 | 工作内容 | 计算规则 |
|---|---|---|---|---|---|
| 柜类 | 0206010010□□ | 柜类 | 个 | 1. 台柜制作、运输、安装<br>2. 刷防护材料、油漆 | 按设计图示数量计算 |
| 酒柜 | 0206010020□□ | 酒柜 | | | |
| 衣柜 | 0206010030□□ | 衣柜 | | | |
| 存包柜 | 0206010040□□ | 存包柜 | | | |
| 鞋柜 | 0206010050□□ | 鞋柜 | | | |
| 书柜 | 0206010060□□ | 书柜 | | | |
| 厨房壁柜 | 0206010070□□ | 厨房壁柜 | | | |
| 木壁柜 | 0206010080□□ | 木壁柜 | | | |
| 厨房低柜 | 0206010090□□ | 厨房低柜 | | | |
| 厨房吊柜 | 0206010100□□ | 厨房吊柜 | | | |
| 矮柜 | 0206010110□□ | 矮柜 | | | |
| 吧台背柜 | 0206010120□□ | 吧台背柜 | | | |
| 酒吧吊柜 | 0206010130□□ | 酒吧吊柜 | | | |
| 酒吧台 | 0206010140□□ | 酒吧台 | | | |
| 展台 | 0206010150□□ | 展台 | | | |
| 收银台 | 0206010160□□ | 收银台 | | | |
| 试衣间 | 0206010170□□ | 试衣间 | | | |
| 货架 | 0206010180□□ | 货架 | | | |
| 书架 | 0206010190□□ | 书架 | | | |
| 服务台 | 0206010200□□ | 服务台 | | | |

(2) 暖气罩工程

工程量清单项目设置及工程量计算规则见表 4.42。

**表 4.42 暖气罩**

| 项目名称 | 细目编码 | 细目名称 | 计量单位 | 工作内容 | 计算规则 |
|---|---|---|---|---|---|
| 饰面板暖气罩 | 0206020010□□ | 饰面板暖气罩 | $m^2$ | 1. 暖气罩制作、运输、安装<br>2. 刷防护材料、油漆 | 按设计图示尺寸以垂直投影面积计算 |
| 塑料板暖气罩 | 0206020020□□ | 塑料板暖气罩 | | | |
| 金属暖气罩 | 0206020030□□ | 金属暖气罩 | | | |

(3) 浴厕配件工程

工程量清单项目设置及工程量计算规则见表 4.43。

**表 4.43 浴厕配件**

| 项目名称 | 细目编码 | 细目名称 | 计量单位 | 工作内容 | 计算规则 |
|---|---|---|---|---|---|
| 洗漱台 | 0206030010□□ | 洗漱台 | $m^2$ | 1. 台面及支架制作、运输、安装<br>2. 刷油漆<br>3. 杆、环、盒、配件安装 | 按设计图示尺寸以台面外接矩形面积计算。不扣除孔洞、挖弯、削角所占面积,挡板、吊沿板面积并入台面面积内 |
| 晒衣架 | 0206030020□□ | 晒衣架 | 根 | | 按设计图示数量计算 |
| 帘子杆 | 0206030030□□ | 帘子杆 | | | |
| 浴缸拉手 | 0206030040□□ | 浴缸拉手 | | | |
| 毛巾杆 | 0206030050□□ | 毛巾杆 | | | |
| 毛巾环 | 0206030060□□ | 毛巾环 | | | |
| 卫生纸盒 | 0206030070□□ | 卫生纸盒 | | | |
| 肥皂盒 | 0206030080□□ | 肥皂盒 | | | |
| 镜面玻璃 | 0206030090□□ | 镜面玻璃 | $m^3$ | 1. 玻璃及框制作、运输、安装<br>2. 刷防护材料、油漆<br>3. 基层安装 | 按设计图示尺寸以边框外围面积计算 |
| 镜箱 | 0206030100□□ | 镜箱 | 个 | 1. 基层安装<br>2. 箱体制作、运输、安装<br>3. 刷防护材料、油漆<br>4. 玻璃安装 | 按设计图示数量计算 |

(4) 压条、装饰线工程

工程量清单项目设置及工程量计算规则见表 4.44。

**表 4.44 压条、装饰线**

| 项目名称 | 细目编码 | 细目名称 | 计量单位 | 工作内容 | 计算规则 |
|---|---|---|---|---|---|
| 金属装饰线 | 0206040010□□ | 金属装饰线 | m | 1. 玻璃制作、安装<br>2. 刷防护材料、油漆 | 按设计图示尺寸以长度计算 |
| 木质装饰线 | 0206040020□□ | 木质装饰线 | | | |
| 石材装饰线 | 0206040030□□ | 石材装饰线 | | | |
| 石膏装饰线 | 0206040040□□ | 石膏装饰线 | | | |
| 镜面装饰线 | 0206040050□□ | 镜面装饰线 | | | |
| 铝塑装饰线 | 0206040060□□ | 铝塑装饰线 | | | |
| 塑料装饰线 | 0206040070□□ | 塑料装饰线 | | | |

(5) 雨篷、旗杆工程

工程量清单项目设置及工程量计算规则见表 4.45。

**表 4.45 雨篷、旗杆**

| 项目名称 | 细目编码 | 细目名称 | 计量单位 | 工作内容 | 计算规则 |
|---|---|---|---|---|---|
| 雨篷吊挂 | 0206050010□□ | 雨篷吊挂 | $m^2$ | 1. 底层抹灰<br>2. 刷防护材料、油漆<br>3. 龙骨基层安装<br>4. 面层安装 | 按设计图示尺寸以水平投影面积计算 |
| 金属旗杆 | 0206050020□□ | 金属旗杆 | 根 | 1. 土石挖填<br>2. 基础混凝土浇筑<br>3. 旗杆制作、安装<br>4. 旗杆台座制作、饰面 | 按设计图示数量计算 |

(6) 招牌、灯箱工程

工程量清单项目设置及工程量计算规则见表 4.46。

**表 4.46 招牌、灯箱**

| 项目名称 | 细目编码 | 细目名称 | 计量单位 | 工作内容 | 计算规则 |
|---|---|---|---|---|---|
| 平面、箱式招牌 | 0206060010□□ | 平面招牌 | $m^2$ | 1. 基层安装<br>2. 箱体及支架制作、运输、安装<br>3. 刷防护材料、油漆<br>4. 面层制作、安装 | 按设计图示尺寸以正立面边框外围面积计算。复杂的凸凹造型部分不增加面积 |
| | 0206060011□□ | 箱式招牌 | | | |
| 竖式标箱 | 0206060020□□ | 矩形竖式标箱 | 个 | | 按设计图示数量计算 |
| | 0206060021□□ | 异形竖式标箱 | | | |
| 灯箱 | 0206060030□□ | 有机玻璃面层灯箱 | | | 按设计图示数量计算 |
| | 0206060031□□ | 玻璃面层灯箱 | | | |
| | 0206060032□□ | 金属板面 灯箱 | | | |
| | 0206060033□□ | 玻璃钢面层灯箱 | | | |
| | 0206060034□□ | 胶合板面层灯箱 | | | |
| | 0206060035□□ | 铝塑板面层灯箱 | | | |

(7) 美术字工程

工程量清单项目设置及工程量计算规则见表 4.47。

表 4.47 美术字

| 项目名称 | 细目编码 | 细目名称 | 计量单位 | 工作内容 | 计算规则 |
| --- | --- | --- | --- | --- | --- |
| 泡沫塑料字 | 0206070010□□ | 大理石面泡沫塑料字 | 个 | 1. 字制作、运输、安装<br>2. 刷油漆 | 按设计图示数量计算 |
| | 0206070011□□ | 混凝土墙面泡沫塑料字 | | | |
| | 0206070012□□ | 砖墙面泡沫塑料字 | | | |
| | 0206070013□□ | 其他面泡沫塑料字 | | | |
| 有机玻璃字 | 0206070020□□ | 大理石面有机玻璃字 | | | |
| | 0206070021□□ | 混凝土面有机玻璃字 | | | |
| | 0206070022□□ | 砖墙面有机玻璃字 | | | |
| | 0206070023□□ | 其他面有机玻璃字 | | | |
| 木质字 | 0206070030□□ | 大理石面木质字 | | | |
| | 0206070031□□ | 混凝土面木质字 | | | |
| | 0206070032□□ | 砖墙面木质字 | | | |
| | 0206070033□□ | 其他面木质字 | | | |
| 金属字 | 0206070040□□ | 大理石面金属字 | | | |
| | 0206070041□□ | 混凝土面金属字 | | | |
| | 0206070042□□ | 砖墙面金属字 | | | |
| | 0206070043□□ | 其他面金属字 | | | |

# 4.2 建筑装饰工程清单计价

## 4.2.1 工程量清单计价的概念

装饰工程工程量清单计价是指投标人根据招标人在招标文件中提供的工程量清单、企业定额和市场价格信息计算投标报价的过程。

工程量清单采用实物计价法，按照《建设工程工程量清单计价规范》有关规定，采用统一细目编码、统一项目名称、统一计量单位和统一计量规则，其中综合单价包括：人工费、材料费、机械使用费、管理费、利润、税金等。

### 4.2.2 装饰工程工程量清单计价特点

① 统一计价规则，有效规范计价行为；

② 优化资源配置，有效控制消耗总量；

③ 业主可以有效控制投资；

④ 主要适用于建设工程招标投标活动；

⑤ 要求招标人提供工程量清单，并承担相应的风险；

⑥ 投标人在满足招标文件的前提下，根据企业定额或参照各地建设行政主管部门发布的消耗量定额，价格费用由市场形成；

⑦ 全部使用国有资金或国有投资为主的大型建设工程必须采用工程量清单计价；

⑧ 凡是采用工程量清单计价方式的，不论资金来源是国有、国外、贷款、援助或私人资金都必须遵守《建设工程工程量清单计价的规范》的规定。

### 4.2.3 装饰工程工程量清单计价的作用

① 在招标中，投标企业应综合考虑各种因素后得出报价，企业只有综合分析各个方面因素可能造成的影响，才能使投标报价最大限度地符合工程实际。

② 工程量清单计价是在市场中形成的，因此工程量清单计价具有实现资源优化配置，帮助招标方获得合理造价的作用。

③ 一个企业想获得工程就必须提高科技水平，合理降低成本，这样有利于促进企业自身发展以及整个行业的优胜劣汰。

### 4.2.4 装饰工程工程量清单计价的内容

① 分部分项工程费：指工程量清单列出的人工费、材料费、机械使用费、管理费、利润、风险等。

② 措施项目费：指措施项目一览表中确定的工程措施项目金额的总和。

③ 其他项目费：指预留金、材料购置费、总承包服务费、零星工作项目费。

④ 规费：指由政府规定应该缴纳的费用。

⑤ 税金：指税法规定的，应计入建筑安装工程造价内的费用，如营业税、城乡维护建设税及教育费附加等。

### 4.2.5 装饰工程工程量清单计价的程序

装饰工程工程量清单计价的程序如图 4.1 所示。

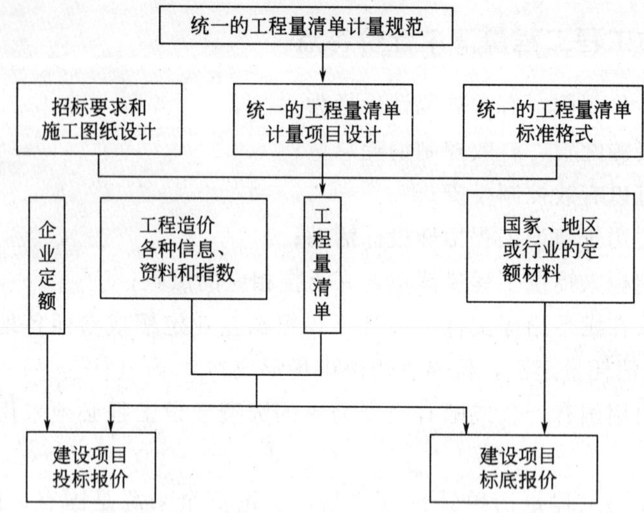


图 4.1　工程量清单计价程序示意图

# 4.3　工程案例剖析

## 4.3.1　楼地面工程计量与计价

**【例 4.1】** 计算如图 4.2 所示室内大厅分部分项工程费。做法：20 厚 1∶3 水泥砂浆找平，8 厚 1∶1 水泥砂浆粘贴大理石面层，贴好后酸洗打蜡，成品保护。人工 30 元/工日，黑大理石 280 元/$m^2$，白色大理石 450 元/$m^2$，红色大理石 650 元/$m^2$。

**【解】**　(1) 楼面水泥砂浆贴大理石(黑)工程量：$6.4\times6.4-6\times6=4.96m^2$

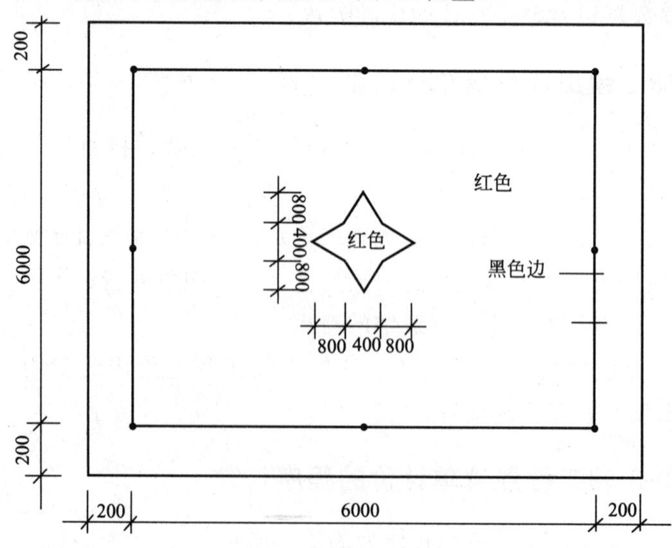


图 4.2　室内大理石楼面

(2) 楼面水泥砂浆贴大理石(白)工程量:6×6−2×2=32m$^2$

(3) 楼面水泥砂浆贴大理石简单图案工程量:2×2=4m$^2$

(4) 楼面大理石酸洗打蜡工程量:6.4×6.4=40.96m$^2$

(5) 楼面大理石成品保护工程量:6.4×6.4=40.96m$^2$

套计价见表4.48~表4.51。

**表4.48 综合单价分析表**

| 序号 | 定额编号 | 项目名称 | 计量单位 | 综合单价组成 | 换算过程 | 综合单价/元 |
|---|---|---|---|---|---|---|
| 1 | 12-48换 | 楼面水泥砂浆贴大理石(黑) | 10m$^2$ | 人工费/元 | 111.72+3.99×(30−28)=119.7 | 3118.67 |
| | | | | 材料费/元 | 1600.09+10.2×(280−150)=2926.09 | |
| | | | | 机械费/元 | 4.54 | |
| | | | | 管理费/元 | (119.7+4.54)×40%=49.70 | |
| | | | | 利 润/元 | (119.7+4.54)×15%=18.64 | |
| 2 | 12-48换 | 楼面水泥砂浆贴大理石(白) | | 人工费/元 | 111.72+3.99×(30−28)=119.70 | 4852.67 |
| | | | | 材料费/元 | 1600.09+10.2×(450−150)=4660.09 | |
| | | | | 机械费/元 | 4.54 | |
| | | | | 管理费/元 | (119.7+4.54)×40%=49.70 | |
| | | | | 利 润/元 | (119.7+4.54)×15%=18.64 | |
| 3 | 12-63换 | 楼面水泥砂浆贴大理石简单图案 | | 人工费/元 | 156.8+5.6×(30−28)=168 | 5764.51 |
| | | | | 材料费/元 | 大理石面积:<br>红色:0.4×0.4+0.4×0.8×1/2×4=0.8<br>白色:2×2−0.8=3.2<br>大理石含量:<br>红色:0.8/4×1.1×10=2.2<br>白色:3.2/4×1.1×10=8.8<br>增加材料费:<br>红色:2.2×(650−150)=1100<br>白色:8.8×(450−150)=2640<br>小计:3740<br>1738.37+3740=5478.37 | |
| | | | | 机械费/元 | 16.61 | |
| | | | | 管理费/元 | (168+16.61)×40%=73.84 | |
| | | | | 利 润/元 | (168+16.61)×15%=27.69 | |
| 4 | 12-121换 | 楼面大理石酸洗打蜡 | | 人工费/元 | 13.44+0.48×(30−28)=14.4 | 26.64 |
| | | | | 材料费/元 | 4.32 | |
| | | | | 机械费/元 | 0 | |
| | | | | 管理费/元 | 14.4×40%=5.76 | |
| | | | | 利 润/元 | 14.4×15%=2.16 | |
| 5 | 17-89换 | 楼面大理石成品保护 | | 人工费/元 | 1.4+0.05×(30−28)=1.50 | 14.83 |
| | | | | 材料费/元 | 12.50 | |
| | | | | 机械费/元 | 0 | |
| | | | | 管理费/元 | 1.50×40%=0.60 | |
| | | | | 利 润/元 | 1.50×15%=0.23 | |

表 4.49 分部分项工程费计算表

| 序号 | 计价表编码 | 项目名称 | 计量单位 | 工程量 | 综合单价/元 | 合价/元 |
|---|---|---|---|---|---|---|
| 1 | 12-48 换 | 楼面水泥砂浆贴大理石(黑) | $10m^2$ | 0.496 | 3118.67 | 1546.86 |
| 2 | 12-48 换 | 楼面水泥砂浆贴大理石(白) | $10m^2$ | 3.20 | 4852.67 | 15528.54 |
| 3 | 12-63 换 | 楼面水泥砂浆贴大理石简单图案 | $10m^2$ | 0.40 | 5764.51 | 2305.80 |
| 4 | 12-121 换 | 楼面大理石酸洗打蜡 | $10m^2$ | 4.096 | 26.64 | 109.12 |
| 5 | 17-89 换 | 楼面大理石成品保护 | $10m^2$ | 4.096 | 14.83 | 60.74 |
| | | 小计 | | | | 19551.06 |

表 4.50 工程量清单数量计算表

| 序号 | 项目名称 | 计量单位 | 工程量 | 计算公式 |
|---|---|---|---|---|
| 1 | 大理石楼面 | $m^2$ | 40.96 | 6.4×6.4=40.96 |

表 4.51 编制工程量清单

| 序号 | 细目编码 | 项目名称 | 项目特征 | 计量单位 | 工程数量 |
|---|---|---|---|---|---|
| 1 | 020102001001 | 大理石楼面 | 1. 1∶3 水泥砂浆找平层 20 厚<br>2. 1∶1 水泥砂浆黏结层 5 厚<br>3. 300×300 地砖面层 | $m^2$ | 40.96 |

## 4.3.2 室内装饰有拼图的工程计量与计价

**【例 4.2】** 计算图 4.3 所示室内大厅大理石楼面的分部分项工程费（装饰二级企业施工）。做法：20 厚 1∶3 水泥砂浆找平，8 厚 1∶1 水泥砂浆粘贴大理石面层，贴好后酸洗打蜡。人工 35 元/工日，黑大理石 280 元/$m^2$，白色大理石 450 元/$m^2$，红色大理石 650 元/$m^2$。（复杂图案由规格 500mm×500mm 石材做成，圆形直径 1000mm 内框 6000mm×6000mm，外框 10000mm×10000mm）。

**【解】** （1）计算工程量，结果见表 4.52。

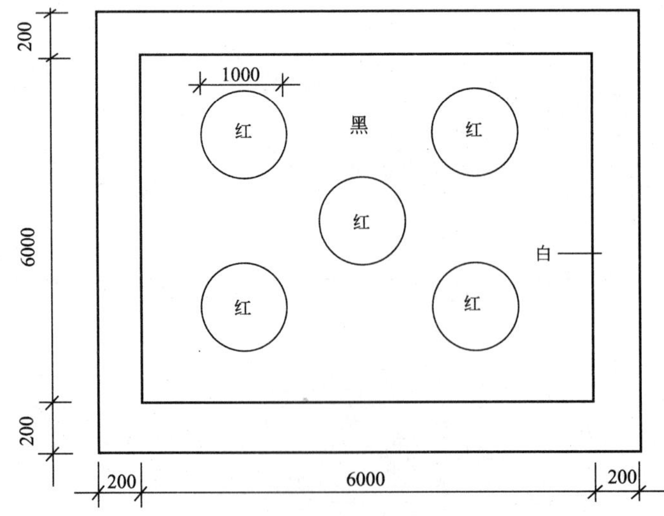


图 4.3 室内贴大理石楼面

**表 4.52 工程量计算表**

| 序号 | 项目名称 | 计量单位 | 工程量 | 计算公式 |
|---|---|---|---|---|
| 1 | 楼面水泥砂浆贴大理石(白) | $m^2$ | 4.96 | 6.4×6.4－6×6＝4.96 |
| 2 | 楼面水泥砂浆贴大理石(黑) | $m^2$ | 31.00 | 6×6－1×1×5＝31 |
| 3 | 楼面水泥砂浆贴大理石复杂图案 | $m^2$ | 5.00 | 1×1×5＝5 |
| 4 | 楼面贴大理石酸洗打蜡 | $m^2$ | 40.96 | 6.4×6.4＝40.96 |

(2) 套用计价表，计算分部分项工程费，见表 4.53～表 4.55。

**表 4.53 综合单价分析表**

| 序号 | 定额编号 | 项目名称 | 计量单位 | 综合单价组成 | 换算过程 | 综合单价/元 |
|---|---|---|---|---|---|---|
| 1 | 12-48 换 | 楼面水泥砂浆贴大理石(黑) | $10m^2$ | 人工费/元 | 111.72＋3.99×(35－28)＝139.65 | 3161.12 |
| | | | | 材料费/元 | 1600.09＋10.2×(280－150)＝2926.09 | |
| | | | | 机械费/元 | 4.54 | |
| | | | | 管理费/元 | (139.65＋4.54)×48%＝69.21 | |
| | | | | 利 润/元 | (139.65＋4.54)×15%＝21.63 | |
| 2 | 12-48 换 | 楼面水泥砂浆贴大理石(白) | | 人工费/元 | 111.72＋3.99×(35－28)＝139.65 | 4895.12 |
| | | | | 材料费/元 | 1600.09＋10.2×(450－150)＝4660.09 | |
| | | | | 机械费/元 | 4.54 | |
| | | | | 管理费/元 | (139.65＋4.54)×48%＝69.21 | |
| | | | | 利 润/元 | (139.65＋4.54)×15%＝21.63 | |
| 3 | 12-63 换 | 楼面水泥砂浆贴大理石简单图案 | | 人工费/元 | 5.6×1.2×35＝235.2 | 8556.82 |
| | | | | 材料费/元 | 大理石面积：<br>红色：0.5×0.5×4×5＝5<br>黑色：0.5×0.5×2×5＝2.5<br>大理石含量：<br>红色：5/5×1.02×10＝10.2<br>黑色：2.5/5×1.02×10＝5.1<br>增加材料费：<br>红色：10.2×650＝6630<br>黑色：5.1×280＝1428<br>扣原大理石价：1650<br>小计：6408<br>1738.37＋6408＝8146.37<br>注：其他材料费 1738.37 元 | |
| | | | | 机械费/元 | 16.61 | |
| | | | | 管理费/元 | (235.2＋16.61)×48%＝120.87 | |
| | | | | 利 润/元 | (235.2＋16.61)×15%＝37.77 | |
| 4 | 12-121 换 | 楼面大理石酸洗打蜡 | | 人工费/元 | 13.44＋0.48×(35－28)＝16.8 | 31.7 |
| | | | | 材料费/元 | 4.32 | |
| | | | | 机械费/元 | 0 | |
| | | | | 管理费/元 | 16.8×48%＝8.06 | |
| | | | | 利 润/元 | 16.8×15%＝2.52 | |
| | | | | 材料费/元 | 12.50 | |
| | | | | 机械费/元 | 0 | |
| | | | | 管理费/元 | 1.50×40%＝0.60 | |
| | | | | 利 润/元 | 1.50×15%＝0.23 | |

表 4.54 分部分项工程费计算表

| 序号 | 计价表编码 | 项目名称 | 计量单位 | 工程量 | 综合单价/元 | 合价/元 |
|---|---|---|---|---|---|---|
| 1 | 12-48 换 | 楼面水泥砂浆贴大理石(黑) | $10m^2$ | 3.10 | 3161.12 | 9799.47 |
| 2 | 12-48 换 | 楼面水泥砂浆贴大理石(白) | $10m^2$ | 0.496 | 4895.12 | 2427.98 |
| 3 | 12-63 换 | 楼面水泥砂浆贴大理石简单图案 | $10m^2$ | 0.50 | 8556.82 | 4278.41 |
| 4 | 12-121 换 | 楼面大理石酸洗打蜡 | $10m^2$ | 4.096 | 31.70 | 129.84 |
| | | 小计 | | | | 16635.70 |

表 4.55 计价过程

| 清单项目 | | | | 清的所含项目 | | | | | |
|---|---|---|---|---|---|---|---|---|---|
| 项目名称<br>项目编码 | 计量单位 | 清单数量 | 清单综合价/元 | 计价表编号 | 计价表项目名称 | 计量单位 | 工程量 | 综合单价/元 | 合价/元 |
| 大理石楼面<br>020102001001 | $m^2$ | 40.96 | 16635.70/<br>40.96=<br>406.15 | 12-48 换 | 楼面水泥砂浆贴大理石(白) | $10m^2$ | 0.496 | 4895.12 | 2427.98 |
| | | | | 12-48 换 | 楼面水泥砂浆贴大理石(黑) | $10m^2$ | 3.10 | 3161.12 | 9799.47 |
| | | | | 12-63 换 | 楼面水泥砂浆贴大理石简单图案 | $10m^2$ | 0.50 | 8556.82 | 4278.41 |
| | | | | 12-121 换 | 楼面大理石酸洗打蜡 | $10m^2$ | 4.096 | 31.70 | 129.84 |
| | | | | | 小计 | | | | 16635.70 |

## 4.4 小结

本章主要从清单工程量确定、定额套用和价格计算 3 方面讲解，归纳如下：

① 首先介绍了建筑装饰装修清单的基本概念，其次，工程量计算，主要从楼地面工程、墙柱面工程、天棚工程、门窗工程、油漆、涂料、裱糊工程、零星工程等进行讲述；

② 介绍了工程量清单计价的基本内容和套用方法；

③ 本章第 4.3 节内容为工程量清单的案例分析，并编制出了工程量清单报价。

# 5 / 建筑装饰工程报价技巧

## 5.1 建筑装饰工程报价编制

### 5.1.1 建筑装饰工程投标报价与预算价格的联系和区别

5.1.1.1 两者的联系

（1）编制方法相同　为了使报价与业主的预算具有可比性，目前我国大部分投标人，仍按定额预算编制办法来编制报价。

（2）使用同一本定额和同一个价格信息　由于受评标方法的制约，一方面，投标人要想中标必须把报价重点放在估计招标人的标底价和分析竞争对手的报价上；另一方面，由于很少采用最低标价评标法，投标人在报价时不需要进行成本核算，所以招投人都采用同一定额和信息计价。

（3）都是工程造价的表现形式　概预算价反映的是一种工程投资价，投标价反映的是一种承包合同价。

5.1.1.2 两者的区别

（1）两者反映工程造价的方式不同　预算是反映工程计划的某一时期合理价格；投标报价是反映市场竞争形成的工程市场价格。

（2）两者价格形成的机制不同　预算形成主要受价值规律的影响，不随市场竞争状况的变化而变化；标价的形成不仅受价值规律的影响，而且还受供求关系的影响。

（3）两者反映的成本内涵不同　预算反映的是过去平均先进成本；标价反映的是当前平均先进成本，甚至是当前个别先进成本。

（4）两者的性质不同　预算编制具有法令性，标价编制则具有自主性。

### 5.1.2 投标报价的构成

5.1.2.1 投标报价的含义

投标报价是指投标人根据招标人的要求条件以及投标人自身的技术、设备、管理水平和经济状况等因素，通过对工程预算，分析研究最终确定的价格。

5.1.2.2 标价的构成

投标报价的构成主要有两种方式。

(1) 内部标价构成　内部标价是指投标人根据设计图纸和技术规范，参照有关定额及取费标准所计算出的安装工程费用总和。它包括直接费、间接费、规费、利润、税金、分包费、暂定金额等。

(2) 外部标价构成　外部标价构成是指按照工程量清单规范要求计算出的价格，在依据内部计算出的标价基础上，经过分析组合、分配后对外报出的价格。

## 5.1.3 标价编制程序

标价编制程序主要有以下几个方面。

(1) 研究并吃透招标文件　招标文件作为合同文件的一个重要组成部分，招标文件要求投标人承担的责任、义务和风险越来越大，因此，在编制报价前，必须认真研究，全面准确地理解文件的内涵。

(2) 现场考察　现场考察是报价和施工组织设计第一手资料的重要途径，投标人应该高度重视。在考察前仔细阅读招标文件和图纸，拟定现场考察提纲和疑点，设计好调查表格，做到有的放矢。现场考察的具体内容：①地质和气候条件；②工程施工条件；③经济，政治和人文环境条件等。

(3) 核实工程数量　尽管招标人提供的工程量清单中列明了项目涉及的工程细目及工程数量。但是，由于各种原因，清单工程量与图纸工程量、图纸工程量与实际工程量的差异是常常存在的。

① 核实工程数量的目的

a. 促进投标人对技术规范中的计量支付规则做进一步的研究、理解，为分解工程数量清单和套用定额做准备。

b. 有助于报价人全面掌握各分项工程的数量和计量单位，以便更好地分析定额和确定报价。

c. 有助于投标人发现工程量清单的错漏，为制定报价政策和技巧提供依据。

② 核实工程量的工作内容

a. 全面掌握所投工程项目的工程量种类。

b. 统筹兼顾，掌握重点。

c. 计算附属工作量。

d. 对技术规范与定额的计量单位不一致的工程细目，按规定进行换算。

③ 分解工程量

清单工程细目与定额子目一般没有一一对应，一个清单项目往往包含若干个定额子目。

(4) 确定施工方案　施工方案是指对工程项目所做的总体设想的安排。它是投标报价的前提条件，也是招标报价单位评标时要考虑的重要因素之一。

施工方案的编制步骤：

① 确定各单位工程或分部工程的施工序；

② 确定各单位工程或分部工程施工过程、施工方式、施工方法及适合、使用的施工机具；

③ 编制施工进度计划，制定施工组织与技术方案。

（5）确定报价策以和技巧　影响投标人报价的因素有很多，并且大多具有不确定性，甚至瞬息万变。要做到“以不变应万变”，出奇制胜。制定正确的报价策略和技巧。

（6）确定费用和费率，计算工程量清单各细目单价　根据选用的工程量清单细目的计算方法，确定工程直接费和间接费率、利润率、税金和其他风险费用等。

（7）汇总计算标价　计算计日工单价表，汇总各章金额，计算总标价，即基础报价。

（8）总标价的重分配　在保持总报价不变的前提下，根据报价所确定的技巧和有关资料，对工程量清单各细目的单价进行有针对性的调整，即标价重分配或不平等报价，以利于中标后谋取更多利益。

（9）利用调价函数确定最终标价　报价是投标人的核心机密，其影响因素是动态的、随时变化的，只有到最后一刻，投标人的报价才能“盖棺定论”，因此，投标人必须按规定要求准备多份调价函，供最终确定报价之用。

### 5.1.4　编制报价的方法

一个项目的投标报价主要由施工成本，利润和税金及风险费用三部分组成。投标报价中，要通过标价的计算科学地编制以上三项费用，使总报价有竞争力，又有利可图，这是件相当复杂的工作。为了便于直接计算工程量清单中各个分项的价格，进而汇总整个工程标价。标价的计算可以按照定额或市场价格，逐项计算每个分项的单价和合价，分别填入招标人提供的工程量清单中。

（1）人工、材料、机械单价　投标时采用的人工、材料、机械单价，应根据本企业自身情况以及建设市场情况和劳动力，施工机械租赁市场状况综合确定。

（2）其他直接费、间接费　利润与税金的计算，依据企业自身情况按有关规定确定各项费率依次计算出其费用。

（3）风险费计算　风险费是指工程承包过程中由于各种不可预见的风险因素发生而增加的费用，通常由投标报价人经过对具体工程项目的风险因素分析之后，确定一个比较合理的价格。

（4）标价的盈亏分析　报价首先要进行宏观和动态分析，对不合理的报价因素要进行修正，形成基础标价，再经盈亏分析提出可能的低价和高价方案，供决策者选择。

① 盈余分析。盈余分析是指按标价构成项目，利用因素分析法来分析报价各个方面的盈利潜力，即基础报价还有多少降价空间，然后通过压缩盈利空间来适当降低报价。主要从以下几方面进行：一是定额与效率，即人材机定额消耗标准与工效水平；二是价格分析，即对工料机价格分析确定；三是费用分析，即对各项间接费、其他费用的费率分析。

事实上，在确定降价空间时，都以一定修正系数加以修正，一般取0.5～0.7确定可行的低报价（下限价)。其公式为：低报价＝基础报价－（挖潜盈余×修正系数）

② 亏损分析。主要针对项目实施过程中可能出现的各种风险因素所造成费用增加的量化分析。主要考虑的因素有：一是工料机价格的非正常变动；二是异常自然条件、自然灾害；三是工程出现质量、安全、管理不善等因素影响造成的亏损。修正系数一般取0.5～0.7，其计算公式为：

高报价＝基础报价＋（估计亏损×修正系数)。

# 5.2 建筑装饰工程报价策略与报价技巧

## 5.2.1 报价策略

报价策略是投标人在激烈竞争的环境下，为了企业的生存与发展而可能使用的策略。报价策略运用是否恰当，对投标人是否中标与获得利润大小影响很大。常用的报价策略大致有如下几种。

### 5.2.1.1 以获得高额利润为报价策略

施工企业的经营业务近期比较饱和，该企业施工设备和施工水平又较高，而投标的项目施工难度较大、工期短、竞争对手少，非我莫属。在这种情况下所报的价格，可以比一般市场价格高一些以获得较大利润。

### 5.2.1.2 以获得微利为报价策略

施工企业的经营业务近期不饱满，或预测市场工程项目因资金不足开工较少，为防止企业生产中断，按市场报价策略难以中标，报价只能以微利为主报低价。

要确保一个低而适度的报价，首先要编制出先进合理的施工方案。在此基础上计算出能够确保合同工期要求和质量标准的最低预算成本。要降低工程预算成本，就要降低直接费、现场经费和间接费，其具体做法和技巧如下。

（1）充分发挥施工企业优势　企业的优势一般可以从下列几个方面来体现。

① 职工素质高：技术人员云集、施工经验丰富、工人技术水平高、劳动态度好、工作效率高。

② 技术装备强：本企业设备新、性能先进、成套齐全、使用效率高、运转劳务费低、油耗低。

③ 材料供应：有一定的周转材料，有稳定的来源渠道、价格合理、运输方便、运距短、费用低。

④ 施工技术设计：施工人员经验丰富，提出了先进的施工组织设计，方案切实可行、组织合理、经济效益好。

⑤ 管理体制：劳动组合精干、管理机构精炼、管理费开支低。

⑥ 缩短工期：在不增投资，确保质量、安全、环保的条件下，以发挥自身优势提高管理水平，节约开支等措施来缩短工期。

要结合企业实际情况将优势转化为较低的报价，报出自己的优势报价。

(2) 运用其他方法降低预算成本　有些报价者采用预算定额不变，而在现场经费、间接费和利润等方面适当降低，利用降低现场经费、间接费和利润的策略降低标价争取中标。

5.2.1.3　以保本为报价策略

有些施工企业为了参加市场竞争，打入其他新的地区、开辟新的业务，并想在这个地区占据一定的位置，往往在第一次参加投标时，用最大限度报出较低价格，即保本价或无利润价，进行投标。中标后在施工中充分发挥本企业专长，在质量、工期上（出乎业主估计的短工期)，创优质工程、创立新的信誉，缩短工期，使业主早得益，并且使自己也取得立足之地，同时取得业主的信任和同情，以提前奖的形式给予补助，致使总价不亏本。

5.2.1.4　亏损报价策略

在激烈市场竞争中，有的投标企业报出超常规的低标，令业主和竞争对手吃惊。超常规的报价方法，常用于施工企业面临生存危机或者竞争对手较强，为了保住施工地盘或急于解决本企业人员“停工”现象。一旦中标，除解决职工“停工”的危机，同时也保住地区市场，并且又促进企业加强管理，精兵简政，优化组合，采取合理的施工方法，利用新工艺，降低消耗和成本，来完成此项目，力争减少亏损或不亏损。

### 5.2.2　报价技巧

具体计算标价时，总的来说是要贯彻总的投标报价策略意图。例如，整个投标工程采用“低利政策”，则利润要定得较低或很低，甚至管理费率也定得较低，这样才能使标价降低。除此以外，计算标价中还有一定的技巧，即在工程成本不变的情况下，设法把对外标价报得低一些，中标后再按既定办法争取获得较多的收益。报价中这两方面必须相辅相成，以提高战胜竞争对手的可能性。以下介绍一些投标中经常采用的报价技巧与思路，可供参考。

5.2.2.1 不平衡单价法

不平衡单价法是投标报价中最常用的一种方法。所谓不平衡单价法，即在保持总价格水平的前提下，将某些项目的单价定得比正常水平高些，而另外一些项目的单价则可以比正常水平低些，但这种提高和降低又应保持在一定限度内，避免工程单价的明显不合理而导致废标。

常采用的“不平衡单价法”有下列几种。

① 为了将初期投入的资金尽早回收，以减少资金占用时间和贷款利息，而将待摊入单价中的各项费用多摊入早收款的项目（如施工动员费、基础工程、土方工程等）中，使这些项目的单价提高，而将后期的项目单价适当降低。这样，可以提前回收资金，既有利于资金周转，存款也有利息。

② 对在工程实施中可能增加工程量的项目或实施的可能性较大的项目适当提高单价，而对在实施中可能减少工程量的项目或实施的可能性较小的项目则适当降低单价。这样处理，虽然表面上维持总报价不变，但在今后实施过程中，承包人将会得到更多的工程付款。这种做法在公路、铁路、水坝以及各类难以准确计算工程量的室外工程项目的投标中常被采用。这一方法的成功与否取决于承包人在投标复核工程量时，对今后增减某些分项工程量所作的估计是否正确。

③ 图纸不明确或有错误的，估计今后有可能修改的项目单价可提高，工程内容说明不清的单价可降低，这样做有利于以后的索赔。

④ 工程量清单中无工程量而只填单价的项目（如土方工程中的挖淤泥、岩石等费用单价），其单价可以很高，因为这样做不会影响总标价，而一旦发生时可以多获利。

⑤ 对于暂定金额（或工程），分析其将来要做的可能性大的，价格可定高些；估计不一定发生的，价格可定低些，以增加中标机会。

⑥ 零星用工（计日工作）一般可稍高于工程单价中的工资单价，因为它不属于承包价的范围，发生时实报实销，也可多获利。但有的招标文件为了限制投标者随意提高计日工资单价，对零星用工给一个“名义工程量”而计入总价，此时则不必提高零星用工单价。

5.2.2.2 利用可谈判的“无形标价”

在投标文件中，某些不以价格形式表达的“无形价格”，在开标后有谈判的余地，承包人可利用条件争取收益。如一些发展中国家货币对世界主要外币的兑换率均逐年贬值，在这些国家投标时，投标文件填报的外汇比率可以提高些。因为投标时一般是规定采用投标截止日前 30 天官方公布的固定外汇兑换率。承包人在多得到多填的外汇付款后再陆续换成当地货币。使用时，就可以由其兑换率的差值而得到额外收益。但外汇比率不能超过投标文件中规定的最高限度。

5.2.2.3 利用调价系数

多数施工承包合同中都包括有关价格调整的条款，并给出利用物价指数计算调价系数的公式，付款时承包人可根据该系数得到由于物价上涨的补偿，投标者在投标阶段就应对该条款进行仔细研究，以便利用该条款得到最大的补偿。对此，可参考如下几种情况。

① 有的合同提供的计算调价系数的公式中各项系数未定，标书中只给出一个系数取值范围，要求承包人自己确定系数的具体值，此时，投标者应在掌握全部物价趋势的基础上，对于价格增长较快的项目取较高的系数，价格较稳定的项目取较低的系数。这样，最终计算出的调价系数较高，因而可得到较高的补偿。

② 在各项费用指数或系数已确定的情况下，计算各分项工程的调价指数并预测公式中各项费用的变化趋势。在保持总报价不变的情况下，利用上述不平衡报价的原理，对计算出的调价指数较大的工程项目报较高的单价，可获较大的收益。

③ 公式中外籍劳务和施工机械两项，一般要求承包人提供承包人本国或相应来源国的有关当局发布的官方费用指数。有的招标文件还规定，在投标人不能提供这类指数时，则采用工程所在国的相应指数。利用这一规定，就可以在本国的指数和工程所在国的指数间选择。国际工程施工机械常可能来源于多个国家，在主要来源国不明确的条件下，投标者可在充分调查研究的基础上，选用费用上涨可能较大的国家的指教。这样，计算出的调价系数值较大。

5.2.2.4 附加优惠条件

附加优惠条件，如延期付款、缩短工期，或留赠施工设备等，可以吸引业主，提高中标的可能性。在得知业主资金紧张或者“三大材”供应有一定困难，可附带地向业主提出减免预付款甚至垫付工资等优惠条件来增大中标的机会，当然，这种策略只有在投标者资金雄厚的情况下考虑使用。

5.2.2.5 增加建议方案

有时招标文件中规定，可以提一个建议方案，即可以修改原设计方案，提出投标者的方案。投标人这时应抓住机会，组织一批有经验的设计和施工工程师，对原招标文件的设计和施工方案仔细研究，提出更合理的方案以吸引业主，促成自己的方案中标。这种新的建议方案可以降低总造价或提前竣工或使工程运用更合理，但要注意的是对原招标方案一定也要报价，以供业主比较。增加建议方案时，不要将方案写得太具体，保留方案的技术关键，防止业主将此方案交给其他承包商，同时要强调的是，建议方案一定要比较成熟，或过去有实践经验，因为投标时间不长，如果仅为中标而匆忙提出一些没有把握的方案，可能引起后患。

5.2.2.6 其他手法

在国际上还有一些报价手法，我们也可了解以资借鉴，现择要介绍如下。

(1) 扩大标价法　这种方法比较常用，即除了按正常的已知条件编制价格外，对工程中变化较大或没有把握的工程工作，采用扩大单价、增加“不可预见费”的方法来减少风险。但是这种做标方法，往往因为总价过高而不易中标。

(2) 活口升级报价法　这种方法是报价时把工程中的一些难题，如特殊基础等造价最多的部分搬开作为活口，将标价降至无法与之竞争的数额（在报价中应加以说明）。利用这种“最低标价”来吸引业主，从而取得与业主商谈的机会，利用活口进行升级加价，以达到最后赢利的目的。

(3) 多方案报价法　这是利用工程说明书或合同条款不够明确之处，以争取达到修改工程说明书和合同为目的的一种报价方法。当工程说明书和合同条款中有某些不够明确之处时，承包人往往要承担很大的风险。为了减少风险就须扩大工程单价，增加“不可预见费”，但这样做又会因报价高而增加被淘汰的可能性。多方案报价法就是为对付这种两难局面而出现的，其具体做法有 4 种情况。

第一种情况，有些工程项目，业主要求按某一招标方案报价后，投标者可以再提出几种可供业主参考与选择的报价方法。

第二种情况，由于业主拟定的合同要求过于苛刻，为使业主修改合同要求，可提出两个报价，并阐明。按原合同要求规定，投标报价为一数值，若合同要求做某些修改，可降低报价一定百分比，以此来吸引对方，增加中标的可能性。当然，这种建议不是要求业主降低某技术要求和标准，而是应当通过改进工艺流程或工艺方法来降低成本，降低报价。

第三种情况，若自己的技术和设备满足不了原设计的要求，但在修改设计以适应自己的施工能力的前提下仍希望中标，则可以报一个按原设计施工的投标报价（投高标），另一个按修改设计施工的比原设计的标价低得多的投标报价，以诱导和影响业主。值得注意的是，修改的设计施工方案一定要能使业主相信是能满足工程质量和工期要求的。

第四种情况，对工程中一部分没有把握的工作注明按成本加若干酬金结算的办法。但有些国家规定政府工程合同文字是不准改动的，经过改动的报价单即为无效时，这个办法就不能用。

(4) 突然降价法　突然降价法是用降低系数调整报价，降价系数是指投标人在投标报价时，预先考虑的一个未来可能降低报价比率，如果考虑在报价方面增加竞争能力是必要时，则应在投标截止日期以来，在投递的投标补充文件内写明降低报价的最终决定。采用这种报价的好处如下。

① 可以根据最后的信息，在递交投标文件的最后时刻，提出自己的竞争价

格，给竞争对手以措手不及。

② 在最后审查已编好的投标文件时，如发现某些个别失误或计算错误，可以采用调整系数来进行弥补，而不必全部重新计算和修改。

③ 由于最终的降低价格是由少数人在最后时刻决定的，可以避免自己真实的报价向外泄露，而导致投标竞争失利。降低投标价格可以从两方面入手：一是降低计划利润；二是降低经营管理费。

采用这种方法时，一定要在准备投标报价的过程中考虑好降价的幅度，在临近投标截止日期前，根据情报信息与分析判断，再做最后决策。如果由于采用突然降价法而中标，因为开标只降总价，在签订合同后采用不平衡报价的思想调整工程量表内各项单价或价格，以期取得更高的效益。

(5) 拼命法　拼命法即先亏后盈法。采用这种方法必须要有十分雄厚的实力，或有国家或大财团做后盾，即为了想占领某一市场时或想在某一地区打开局面，而采取的一种不惜代价、只求中标的手段。但这次中标承包的结果必然是亏本，而今后能否盈利赚回来还难说，因此，这种方法实际上是一种冒险办法。

(6) 无利润算标　缺乏竞争优势的承包商，在不得已的情况下，只好在算标中根本不考虑利润去夺标。这种办法一般是处于以下条件时采用：

① 有可能在得标后，将大部分工程分包给索价较低的一些分包商；

② 对于分期建设的项目，先以低价获得首期工程，而后赢得机会创造第二期工程中的竞争优势，并在以后的实施中赚得利润；

③ 较长时间内，承包商没有在建的工程项目，如果再不得标，就难以维持生存。因此，虽然本工程无利可图，只要能有一定的管理费维持公司的日常运转，就可设法度过暂时困难，以图将来东山再起。

## 5.3 建筑装饰工程合同的订立

施工合同是指业主和承包商为完成约定的工程项目施工，确定双方权利和义务的协议。合同的订立，必须严格遵守国家的法律法规，按照一定的程序和形式操作，即按招投标法与合同法要求进行。

### 5.3.1 合同的签订

一个工程要达到合同的签订，一般要经过招标—投标—评标—定标 4 个阶段。

合同订立形式也有 3 种，即总价合同，单价合同、成本加酬金合同。每种合同都有自己的特点。

### 5.3.2　各种合同的具体特点

(1) 总价合同　总价合同是指在约定风险范围内承包总价不变的合同。

优点：合同文件简单，易于总价控制，计算方便，管理费用小，成本低。

缺点：风险分担不一定合理，业主承担的风险小，承包商承担风险大。

适用工程：工程量小，工期短，技术不复杂，风险性小的工程项目。

(2) 单价合同　单价合同是指在约定的风险范围内承包单价不变的合同。它的优点是风险分担相对合理，有利于承包商提高工效；缺点是计量复杂，管理难度大，管理成本高。

适用范围：适用范围广，工程施工期长，可变因素影响大，业主和监理管理到位的项目。

(3) 成本加酬金合同　成本加酬金合同是指按施工实际制造成本加上商定的总管理费、利润进行最终结算的合同。它的优点是合同签订周期短，承包商基本不承担风险；缺点是承包商获利小，不利于调动承包商的积极性、提高工作效率和降低成本。

适用条件：开工及时，项目内容不明确，风险性很大的项目。

由于不同的合同类型风险不同，管理模式也不同，因此在签订合同时一定要慎重。

## 5.4　小结

本章重点介绍了装饰工程报价文件的编制依据、编制方法、编制技巧及合同签订条件与要求等内容。通过本章的学习，要求读者应掌握以下内容。

(1) 了解装饰工程报价与预算价的联系和区别

① 两者的联系：编制方法相同；使用同一本定额和同一个价格信息；都是工程造价的表现形式。

② 两者的区别：两者反映工程造价的方式不同；两者价格形成的机制不同；两者反映的成本内涵不同；两者的性质不同。

(2) 熟悉装饰工程标价的构成

① 内部标价构成。内部标价是指投标人根据设计图纸和技术规范，参照有关定额及取费标准所计算出后安装工程费用总和。它包括直接费、间接费、规费、利润、税金、分包费、暂定金额等。

② 外部标价构成。外部标价构成是指按照工程量清单规范要求计算出的价格，在依据内部计算出的标价基础上，经过分析组合，分配后对外报出的价格。

(3) 熟悉装饰工程报价的基本方法

经常采用的方法有：①不平衡单价法；②可谈判“无形标价”法；③可调价系数调整法；④附加优惠条件法；⑤增加建议方案；⑥扩大标价法；⑦活口升级报价法；⑧多方案报价法；⑨突然降价法。

（4）掌握装饰工程报价策略与技巧

投标策略是投标人在激烈竞争的环境下，为了企业的生存与发展而可能使用的策略。投标策略运用是否恰当，对投标人是否中标并获得利润影响很大。常用的投标策略大致有如下几种：①以获得高额利润为投标策略；②以获得微利为投标策略；③以保本为投标策略。

# 6 建筑装饰工程结算

## 6.1 建筑装饰工程结算的方法

建筑装饰工程结算是由施工企业进行编制的确定工程实际造价技术经济文件，竣工决算是工程竣工之后，由建设装饰工程单位编制，用来综合反映竣工建设项目或单项工程的建设成果和财务情况的总结性文件。建筑装饰工程结算是竣工决算的基础资料之一。

### 6.1.1 建筑装饰工程结算

6.1.1.1 建筑装饰工程结算的含义

建筑装饰工程结算是建筑装饰施工企业在完成工程任务过程中，由于材料及设备的采购、劳务供应等经济活动所引起的与建设单位之间所发生的货币收付现象。它是由施工企业在原预算造价的基础上进行调整修正，重新确定工程造价的技术经济文件。

6.1.1.2 建筑装饰工程结算的编制依据

工程结算的编制依据主要有：

① 施工企业与装饰单位签订的合同或协议书；

② 施工进度计划、月旬作业计划和施工工期；

③ 施工过程中现场实际情况记录和有关费用签证；

④ 施工图样及有关资料、会审纪要、设计变更通知书和现场工程变更签证；

⑤ 概（预）算定额、材料预算价格表和各项费用取费标准；

⑥ 工程设计概算、施工图预算文件和年度建筑装饰工程量；

⑦ 国家和当地主管部门的有关政策规定；

⑧ 招、投标工程的招标文件和标书。

6.1.1.3 建筑工程结算内容与方式

(1) 工程结算的主要内容

① 按工程承包合同或协议办理预付工程备料款。工程备料款是工程开工前，

为了保证施工准备工作的顺利进行，建设单位提前预付给施工企业备料的资金。工程备料款是随着工程不断完成后的结算中逐步扣还。

② 按照双方确定的结算方式开列月（或阶段）施工作业计划和工程价款预支单，同时办理工程预支款。

③ 月末（或阶段完成）呈报已完工程月（或阶段）报表和工程价款结算账单，同时按规定抵扣工程备料款和预付工程款，办理工程结算。

④ 年终已完成工程、未完工程盘点和年终结算。

⑤ 工程竣工时，编写工程竣工书，办理工程竣工结算。

以上所述为工程结算的一般内容，由于结算方式不同，其中某些内容可以省略。

（2）建筑安装工程的主要结算方式

建筑安装工程价款结算可以根据不同情况，采取多种结算方式。

① 按月结算。即实行旬末或月中预支工程款项，月终实施结算，跨年度竣工的工程，在年终进行工程盘点，办理年度结算。

② 分段结算。即当年开工，当年不能竣工的单项工程或单位工程按照工程进展，划分不同阶段进行结算，分段结算可以按月预支工程款。段的划分标准则由各省、自治区、直辖市规定。例如，某地区规定，实行招标包干的工程，建设单位可按工程合同分段为开工准备阶段、工程基础完工阶段、工程主体完工阶段、工程竣工验收阶段。可按分段分别结算。

③ 竣工结算。工程竣工后，按照合同（协议）的规定，在原施工图预算的基础上，编制调整预算，向建设单位办理最后的工程价款结算，称为竣工结算。

目前，在建筑工程竣工结算中，多数是以中标价直接费为基数，考虑变更洽商增减账合同，竣工期调价系数、暂估价、参考价的调整，并按当地建设主管部门的有关规定进行结算。在调整预算中，应把施工中发生的设计变更、费用签证等使工程价款发生增减变化的内容加以调整。

另外，有些工程是以施工图预算（或中标价）加系数的包干方式进行结算，以简化施工过程中的设计变更等的签证手续。在这种情况下，工程的财务成本盈亏均由施工单位自行负责。

### 6.1.2 预付备料款的支付与扣还

工程备料款是工程开工前，为了保证施工准备工作的顺利进行，建设单位提前预付给施工企业各料的资金。工程备料款是随着工程量的进展而不断地完成的，在结算中逐步扣还。施工企业承包工程，多数实行包工包料，当承包合同条款规定建设单位不负责供料时，开工前建设单位应向施工企业预付一定限额的备料周转金。目前，我国的建筑安装材料供应体制尚未统一，如果实行地区统一供料体制的，可由国家拨给定额流动资金，或由建设银行以贷款方式解决。

(1) 预付备料款的支付　预付备料款支付的限额由下列主要因素决定：

① 主要材料（包括外购构件）占施工产值的比重；

② 材料储备期；

③ 施工工期。

理论上，对于施工企业常年应备的备料款限额，可按下式计算：

备料款限额=(全年施工产值×主要材料所占比例)/年度施工日历天数×材料储备天数

在实际工作中，备料款的数额，要根据各工程类型、合同工期、承包方式和供应体制等不同条件而定。例如，工业项目中钢结构和管道安装为占比例较大的工程，其主要材料所占比重比一般安装工程要大，因而备料款数额也要相应提高；备料款数额，工期短的工程比工期长的要高。只包工不包料的工程，则可以不预付备料款。

一般建筑工程包括水、电、暖，按年计划施工产值的25%左右拨付；安装工程按年计划施工产值的10%拨付；材料占比重较多的安装工程按年计划产值的15%左右拨付。

(2) 备料款的扣回　发包单位拨付给承包单位的备料款属于预支性质，到了工程中、后期，随着工程所需主要储备的逐步减少，应以抵充工程价款的方式陆续扣回。扣款的方法，是从施工工程尚需的主要材料及构件的价值相当于备料款数额时开始扣还，从每次结算工程价款中，按材料比重扣抵工程价款，竣工前恰好全部扣清。

备料款的起扣点可按下式计算；

$$T=P-M/N$$

式中　$T$——起扣点，即预付备料款开始扣回时的累计完成工作量金额；

$M$——预付备料款的限额；

$N$——主要材料所占比重；

$P$——承包工程价款总额。

在实际经济活动中，情况比较复杂，有些工程工期较短，如在3个月以内，就无需分期扣还；有些工程工期较长，如跨年度工程，其备料款的占用时间很长，根据需要可以适当少扣。实际操作中以发包单位和承包单位双方达成协议合同为准。

### 6.1.3 工程价款的中间结算

施工企业在工程建设装饰过程中，按逐月完成的分部分项工程数量计算各项费用，向建设单位办理中间结算手续。

现行规定的中间结算办法是，施工企业在旬末或月中向建设单位提出预支工程款账单，预支一旬或半月的工程款，月终再提出工程款结算账单和已完工程月报表，收取当月工程款，并通过建设银行进行结算。

按月进行结算时，要对现场已施工完毕的工程逐一进行清点，资料提出后交建设单位审查签证，这样双方都需要耗费许多人力和时间。因此，多年来采用的办法是以施工企业提出统计进度月报表作为支取工程款的凭证，即通常所称的工程进度款。

还可以按工程进展的阶段进行拨付工程价款。例如，某地区规定，实行招标包干的工程，建设单位可按工程合同造价分段拨付工程款。

① 工程开工后，按工程合同造价拨付50%；

② 工程基础完成后，拨付20%；

③ 工程主体完成后，拨付25%；

④ 工程竣工验收后，拨付5%。

## 6.2 工程竣工结算编制

竣工结算是施工企业在所承包的工程执照合同规定的内容全部完工，交工之后，向发包单位进行的最终工程价款结算。

竣工结算一般是在施工图预算的基础上，根据施工中的变更签证的情况，进行调增或调减。

### 6.2.1 办理工程价款竣工结算方法

办理工程价款竣工结算的一般方法如下。

6.2.1.1 核实工程量

① 根据原施工图预算工程量进行复核，防止漏算、重算和错算。

② 根据设计修改而变更的工程量进行调整。

③ 根据现场工程变更进行调整。这些变更包括施工中预见不到的工程，如基础开挖后遇到古墓等；施工方法与原施工组织设计或施工方案不符，如上方施工由机械改为人工，钢筋混凝土构件由预制改为现浇等。这些调整必须根据建设单位和施工单位双方签证进行。

6.2.1.2 调整材料价差

由于客观原因发生的材料预算价格的差异，可在工程结算中进行调整。

6.2.1.3 工程价款结算案例

**【例 6.1】** 假定某一建筑装饰承包工程的结算价款总额为 600 万元，预付备料款占工程价款的 25%，主要材料和结构件金额占工程价款的 60%，每月实际完成工作量和合同价款调整增加额见表 6.1。求预付备料款、每月结算工程款、竣工结算工程款。

**表 6.1 月实际完成工作量金额和合同价款调整增加额**

| 月份 | 1 月份 | 2 月份 | 3 月份 | 4 月份 | 5 月份 | 6 月份 | 合同调整增加额 |
|---|---|---|---|---|---|---|---|
| 完成工作量金额/万元 | 50 | 50 | 150 | 200 | 100 | 50 | 50 |

**【解】** （1）预付备料款＝600 万元×25%＝150 万元。

根据公式计算预付备料款起扣点为：

$$T=P-M/N=600\text{ 万元}-150\text{ 万元}/60\%=600\text{ 万元}-250\text{ 万元}=350\text{ 万元}。$$

即，当累计结算工程款为 350 万元时，开始扣还备料款。

（2）1 月份应结算工程款为 50 万元，累计拨款额为 50 万元。

（3）2 月份应结算工程款为 50 万元，累计拨款额为 100 万元。

（4）3 月份应结算工程款为 150 万元，累计拨款额为 250 万元。

（5）4 月份完成工作量为 200 万元，累计拨款额为 450 万元。

此时，累计拨款额 450 万元已大于备料款起扣点 350 万元。

450 万元－350 万元＝100 万元，应从 4 月份超出备料款起扣点的 100 万元工程价款中开始扣还预付备料款。因此，4 月应结算工程款为：

$$(350\text{ 万元}-250\text{ 万元})+100\text{ 万元}\times(1-60\%)=140\text{ 万元}。$$

4 月份实际累计拨款额为(250＋140)万元＝390 万元。

（6）5 月份应结算工程款为：100 万元×(1－60%)＝40 万元

5 月份累计拨款额为：390 万元＋40 万元＝430 万元。

（7）6 月份（竣工）应结算工程款为：50 万元×(1－60%)＝20 万元。

6 月份累计拨款额为 430 万元＋20 万元＝450 万元，加上预付备料款 150 万元，共拨 600 万元。经调整合同价款增加 50 万元，总计结算款为 650 万元。

目前，在建筑工程竣工结算中，多数是以中标价直接费为基数，考虑变更洽商、增减账目合同，竣工期调价系数、暂估价、参考价的调整，并按当地建设主管部门的有关规定进行结算。

### 6.2.2 建设项目竣工决算

竣工决算是工程竣工之后，由建设单位编制的用来综合反映竣工建设项目或单项工程的建设成果和财务情况的总结性文件。在竣工决算报告中必须对控制工程造价所采取的措施、效果及其动态的变化进行认真的比较分析，总结经验教训。批准的概算是考核建设工程造价的依据，在分析时，可将决算报表中所提供的实际数据和相关资料与批准的概算、预算指标进行对比，以确定竣工项目总造价是节约还是超支，在对比的基础上，总结先进经验，找出落后原因，提出改进意见。

竣工决算是反映建设项目实际造价和投资效果的文件，是竣工验收报告的重要组成部分。及时、正确编报竣工决算，对于总结分析建设过程的经验教训，提高工程造价管理水平以及积累技术经济资料等，都具有重要意义。

#### 6.2.2.1 竣工决算的编制

建设项目竣工决算应包括从筹建到竣工投产全过程的全部实际支出费用，即建筑工程费用、安装工程费用、设备工器具购置费用和其他费用等。

竣工决算由竣工决算报表、竣工决算报告说明书、竣工工程平面示意图、工程造价比较分析 4 部分组成。大中型建设项目竣工决算报表一般包括竣工工程概况表、竣工财务决算表、建设项目交付使用财产总表及明细表，建设项目建成交付使用后投资效益表等。而小型项目竣工决算报表则由竣工决算总表和交付使用财产明细表所组成。

#### 6.2.2.2 竣工决算报告说明书的内容

竣工决算报告情况说明书总括反映了竣工工程建设成果和经验，是全面考核分析工程投资与造价的书面总结，是竣工决算报告的重要组成部分。其主要内容包括：

（1）对该工程总的评价　从工程的进度、质量、安全和造价 4 方面进行分析说明。

① 进度。主要说明工程开工和竣工时间；与合理工期和要求工期相比是提前还是延期。

② 质量。根据竣工验收委员会或相当一级质量监督部门的验收评定等级，即合格率和优良品率进行说明。

③ 安全。根据劳动工资和施工部门记录，对有无设备和人身事故进行说明。

④ 造价。应对照概算造价，说明节约还是超支，用金额和百分率进行分析说明。

（2）各项财务和技术经济指标的分析

① 概算执行情况分析。根据实际投资完成额与概算进行对比分析。

② 新增生产能力的效益分析。说明交付使用财产占总投资额的比例；固定资产占交付使用财产的比例；递延资产占投资总数的比例。分析它们的有机构成和成果。

③ 基本建设投资包干情况的分析。说明投资包干数，实际支用数和节约额，投资包干节余的有机构成和包干节余的分配情况。

④ 财务分析。列出历年资金来源和资金占用情况。

⑤ 工程建设的经验教训及有待解决的问题。

6.2.2.3　编制竣工决算报表

竣工决算全部表格共 9 个。

① 建设项目竣工工程概况表（表 6.2）。

**表 6.2　建设项目竣工工程概况表**

<table>
<tr><td>建设项目或单项工程名称</td><td colspan="4"></td><td></td><td colspan="2">项目</td><td>概算/元</td><td>实际/元</td><td>主要事项</td></tr>
<tr><td rowspan="4">建设地址</td><td rowspan="2"></td><td rowspan="2">占地面积</td><td>设计</td><td>实际</td><td rowspan="10">建设成本</td><td rowspan="10" colspan="2">建筑安装工程设备、工器具、其他基本建设、土地征用、生产职工略调、施工机构迁移、建设单位管理费等</td><td rowspan="10"></td><td rowspan="10"></td><td rowspan="13"></td></tr>
<tr><td></td><td></td></tr>
<tr><td colspan="2" rowspan="2">能力或效益名称</td><td>设计</td><td>实际</td></tr>
<tr><td></td><td></td></tr>
<tr><td rowspan="2">建设时间</td><td>计划</td><td colspan="2">开工</td><td>竣工</td></tr>
<tr><td>实际</td><td colspan="2">开工</td><td>竣工</td></tr>
<tr><td colspan="3">初步设计和概算批准机关　日期　文号</td><td colspan="2"></td></tr>
<tr><td rowspan="4">完成主要工作量</td><td rowspan="2">名称</td><td rowspan="2">单位</td><td colspan="2">数量</td></tr>
<tr><td>设计</td><td>实际</td></tr>
<tr><td>建筑面积</td><td>$m^2$</td><td></td><td></td></tr>
<tr><td>设备</td><td>台</td><td></td><td></td><td rowspan="2">主要材料</td><td>名称</td><td>单位</td><td>概算</td><td>实际</td></tr>
<tr><td rowspan="2">收尾工程</td><td>工程内容</td><td>投资源</td><td>负责收尾工作</td><td>完成时间</td><td></td><td></td><td></td><td></td></tr>
<tr><td></td><td></td><td></td><td></td><td colspan="5">主要技术经济指标</td></tr>
</table>

② 建设项目竣工财务决算明细表。

③ 建设项目竣工财务决算总表（表 6.3）。

④ 交付使用固定资产明细表。

⑤ 交付使用流动资产明细表。

⑥ 交付使用无形资产明细表。

⑦ 递延资产明细表。

⑧ 建设项目工程造价执行情况分析表。

⑨ 待摊投资明细表。

表 6.3 建设项目竣工财务决算总表

建设项目名称： （单位：万元）

| 项目投资来源 | 金额 | 项目投资完成情况及资金 | 金额 | 补充资料 |
|---|---|---|---|---|
| (一)国家预算内投资 | | 一、基建支出合计 | | 1. 应收生产单位款 |
| 1. 中央预算内投资 | | (一)交付使用财产 | | 2. 基建时期其他收入款 |
| 2. 地方预算内投资 | | 1. 固定资产 | | 其中,试车产品收入 |
| (二)利用国内贷款 | | 2. 流动资产 | | 试车产品收入 |
| 1. 国内商业银行贷款 | | 3. 无形资产 | | 3. 收入分配情况 |
| 2. 其他渠道贷款 | | 4. 递延资产 | | 其中,上缴财政 |
| (三)自筹资金 | | 5. 其他资产 | | 企业自留 |
| 1. 部门自筹资金 | | | | 施工单位分成 |
| 2. 地方自筹资金 | | (二)未完工程尚需支出 | | 上交主管部门 |
| 3. 企业自筹资金 | | 其中 1. 建筑安装工程支出 | | |
| 4. 其他自筹资金 | | 2. 设备支出 | | 4. 投资来源分析 |
| (四)利用外资 | | 3. 待摊投资支出 | | 其中资本金 |
| 1. 国外商业银行贷款 | | 4. 其他支出 | | 负债 |
| 2. 世界银行优惠贷款 | | 二、项目结余资金 | | |
| 3. 国外直接投资 | | 其中 1. 库存设备 | | |
| 4. 其他利用外资 | | 2. 库存材料 | | |
| (五)从证券市场筹措资金 | | 3. 货币资金 | | |
| 1. 发行企业债券 | | 4. 债权债务净额 | | |
| 2. 发行企业股票 | | 债权总额 | | |
| (六)其他来源投资 | | 债务总额 | | |
| 1. 联营投资 | | | | |
| 2. 其他 | | | | |
| 合计 | | 合计 | | |
| | | | | |

6.2.2.4 工程造价比较分析

竣工决算是用来综合反映竣工建设项目或单项工程的建设成果和财务情况的

总结性文件。在竣工决算报告中必须对控制工程造价所采取的措施、效果以及其动态的变化进行认真的比较分析，总结经验教训。批准的概算是考核建设工程造价的依据，在分析时，可将决算报表中所提供的实际数据和相关资料与批准的概算、预算指标进行对比，以确定竣工项目总造价是节约还是超支。在对比的基础上，总结先进经验，找出落后原因，提出改进措施。

① 为考核概算执行情况，正确核实建设工程造价，财务部门首先必须积累概算动态变化资料，如材料价差、设备价差、人工价差、费率价差等，以及设计方案变化和对工程造价有重大影响的设计变更资料，其次，考查竣工形成的实际工程造价节约或超支的数额。

② 便于进行比较，可先对比整个项目的总概算，之后对比工程项目或单项工程的综合概算和其他工程费用概算，最后再对比单位工程概算，并分别将建筑安装工程、设备、工器具购置和其他基建费用逐一与项目竣工决算编制的实际工程造价进行对比，找出节约或超支的具体环节。

③ 根据经审定竣工结算等原始资料，对原概预算进行调整，重新核定各单项工程和单位工程造价。属于增加固定资产价值的其他投资，如建设单位管理费、研究试验费、土地征用及拆迁补偿费等，应分摊于受益工程，随同受益工程交付使用的同时，一并计入新增固定资产价值。

# 6.3 建筑装饰工程概预算的审查

## 6.3.1 工程概预算审查的意义

建筑工程概预算是计算和确定建筑工程产品价格的文件，又是论证建设项目投资效益和制订计划的重要依据。为了提高概预算的编制质量，使概预算能够完整而准确地反映建筑产品实际价格，有利于国家或部门对基本建设投资规模的控制与管理，建立概预算文件的审查制度，认真进行工程概预算的审查具有十分重要的意义。

（1）有利于合理确定工程造价，提高投资效益　认真审查概预算，正确确定工程造价，便于国家对建设投资的有效控制，合理分配和监督使用，保证工程的顺利进行，提高投资效益。

（2）有利于保证设备和材料计划的准确性，加速基本建设进程　通过审查工程概预算，可以为基本建设提供所需的人、财、物等方面的可靠数据。国家根据这些数据就能及时地实施基本建设拨款、设备和材料供应，从而加速基本建设进程。

（3）有利于市场经济下建筑市场的合理竞争　通过审查工程概预算，提供了正确的工程造价，为建设项目的公开招投标奠定了基础，并能以此提出合理的标底价，促进建设项目大包干和建筑市场的合理竞争，规范了建筑市场。

(4) 有利于建筑企业改善经营管理，加强建筑企业的经营核算　通过审查工程概预算，核实了工程造价，确定了用工、用料的数量，从而可以促进企业根据自身现状，认真查找提高经济效益的措施和企业不足的地方，并努力改正和提高，从而促进企业提高技术含量，促使企业认真采取降低成本的措施，加强经济核算，提高经营管理水平。

### 6.3.2 工程概预算审查的依据

① 国家、省（市）、自治区有关单位颁发的有关决定、通知、细则和文件规定等。

② 国家或省（市）、自治区颁发的有关现行取费标准或费用定额。

③ 国家或省（市）、自治区颁发的现行定额或补充定额。

④ 现行的地区材料预算价格、本地区工资标准及机械台班费用标准。

⑤ 现行的地区单位估价表或汇总表。

⑥ 初步设计或扩大初步设计图样及施工图样。

⑦ 有关该工程的调查资料，地质钻探、水文气象等资料。

⑧ 甲乙双方签订的合同或协议书。

⑨ 工程资料，如施工组织设计等文件资料。

### 6.3.3 工程概预算审查的形式

工程概预算的审查，应由建设单位或其主管部门组织设计单位、施工单位和建设银行共同审查。各单位应尊重客观事实，如产生矛盾应根据有利于建设的原则协商解决，协商解决不了的，由各级基本建设委员会仲裁。现行的审查组织形式有以下几种。

(1) 会审　这是由建设单位、设计单位、施工单位各派代表和建设银行负责审查人员等一起会审。这种审查发现问题比较全面，又能及时交换意见，因此，审查的进度快、质量高，多用于重要项目的审查。

(2) 单审　这是建设单位、建设银行、设计单位、施工单位分别由主管概预算工作的部门单独审查。这些部门单独审查后，各自将提出修改概预算文件的意见，通知有关单位协商解决。

(3) 建设单位审查　建设单位具备审查概预算条件时，可以自行审查，对审查后提出的问题，同概预算的编制单位协商解决。

(4) 专门机构审查　有一些地区设有造价管理处作为概预算审定的专门机构，随着造价师工作的开展，工程造价咨询机构应运而生，建设单位可以委托这些专门机构进行审查。

### 6.3.4 工程概预算审查的步骤

(1) 准备工作

① 熟悉送审工程概预算和承发包合同。

② 搜集并熟悉有关设计资料，核对与工程概预算有关的图样和标准图。

③ 了解施工现场情况，熟悉施工组织设计或技术措施方案，掌握与编制概预算有关的设计变更等情况。

④ 熟悉送审工程概预算所依据的定额、单位估价表、费用标准和有关文件。

(2) 审查计算　根据工程规模、工程性质、审查时间和质量要求、审查力量情况等合理确定审查方法，然后按照选定的审查方法进行具体审查。在审查计算过程中，应将审查的问题作出详细的记录。

(3) 交换审查意见　审查单位将审查记录中的疑点、错误、重复计算和遗漏项目等问题与工程概预算编制单位和建设单位交换意见，作进一步核对，以便更正。

(4) 审查定案　根据交换意见确定的结果，将更正后的项目进行计算并汇总，填制工程预算调整表（表 6.4 和表 6.5）。由编制单位责任人签字并加盖公章，且审查单位责任人也需签字并加盖公章。

**表 6.4　定额直接费调整表**

年　月　日

| 序号 | 分部分项工程名称 | 原预算 | | | | | | | | 原预算 | | | | | | | | 核减金额/元 | 核增金额/元 |
|---|---|---|---|---|---|---|---|---|---|---|---|---|---|---|---|---|---|---|---|
| | | 定额编号 | 单位 | 工程量 | 直接工程费/元 | | 人工费/元 | | 定额编号 | 单位 | 工程量 | 直接工程费/元 | | 人工费/元 | | | | |
| | | | | | 单价 | 合计 | 单价 | 合计 | | | | 单价 | 合计 | 单价 | 合计 | | | | |
| 1 | | | | | | | | | | | | | | | | | | | |
| 2 | | | | | | | | | | | | | | | | | | | |
| 3 | | | | | | | | | | | | | | | | | | | |
| … | | | | | | | | | | | | | | | | | | | |

编制单位（印章）　责任人：　　　　审查单位（印章）　　　责任人：

表 6.5 工程预算费用调整表

| 序号 | 费用名称 | 原预算 | | | 调整后预算 | | | 核减金额/元 | 核增金额/元 |
|---|---|---|---|---|---|---|---|---|---|
| | | 费率/% | 计算基础 | 金额/元 | 费率/% | 计算基础 | 金额/元 | | |
| 1 | | | | | | | | | |
| 2 | | | | | | | | | |
| 3 | | | | | | | | | |
| … | | | | | | | | | |

编制单位（印章） 责任人： 审查单位（印章） 责任人：

由于工程的规模大小、繁简程度不同，施工企业经营作风和预算编制人员的业务水平不同，所编制的工程概预算的质量水平也就有所不同，因此，采用的审查方法也就有所不同。

## 6.3.5 常用的审查方法

常用的审查方法主要有：全面审查法、重点抽查法、分解对比审查法、经验审查法、统筹审查法和筛选法等。

(1) 全面审查法 全面审查法就是对送审的工程概预算逐项进行审查的一种方法。这种审核方法与编制工程概预算的方法与过程基本相同。全面审查法的优点是全面细致，审查质量高，效果好。缺点是工作量大，花费时间长。全面审查法适用于工程规模小、工艺比较简单的工程和经重点抽查和分解对比审查发现差错率较大的工程。

(2) 重点抽查法 重点抽查法就是抓住对工程造价影响比较大的项目和容易发生差错的项目重点进行审查。重点审查的内容主要有以下几个方面。

① 工程量大或费用较高的项目。这些项目包括一般土建工程中的砌体工程、混凝土及钢筋混凝土工程以及基础工程等分项工程的工程量；高层结构工程的基础工程、主体结构工程以及内外装饰工程等分项工程的工程量等，都是审查的重点。

② 换算定额单价和补充定额单价。此项工作中应着重审查定额所综合的工程内容与设计图样的内容是否相符，不相符者是否已进行过换算，换算的方法是否正确，定额单价套用是否合理，有无高套或低套单价的现象。对于补充定额单价主要审查其编制的依据和方法是否符合有关规定：材料用量和材料预算价格组成是否齐全和准确；人工工日单价和机械台班单价的确定是否合理。

③ 工程量计算规则。着重审查容易混淆的项目和根据以往审查经验经常会发生差错的项目。

④ 各项费用的计费基础及其费率标准。单位工程各项费用的计取与工程规模、承包方式以及承包企业的资质等都有密切关系，各省（市）、自治区都对各

项费用的计费程序、计费基础及其费率作了各自相应的规定。审查时应着重审查承包企业所编制的概预算是否反映客观事实。

⑤ 市场采购材料的差价。在市场经济条件下，材料的市场采购价格浮动幅度较大，致使材料差价在工程造价中占有较大比重。审查时，应根据各地区造价管理部门定期发布的市场采购材料的信息价格，严格审查市场采购材料的市场价格，准确计算材料差价。

在重点审查过程中，如发现问题较多较大，应扩大审查范围，甚至放弃重点审查，进行全面审查。

(3) 分解对比审查法　分解对比审查法就是将一个单位工程造价分解为直接费和间接费（含利润、税金）两部分；然后再将直接费部分按分部工程和分项工程进行分解，计算出这些工程每平方米的直接费用或每平方米的工程数量（单位工程直接费/$m^2$，分部工程直接费/$m^2$，分项工程直接费/$m^2$，分项工程量/$m^2$）；最后将计算所得指标与历年积累的各种工程实际造价指标和有关的技术经济指标进行比较，来判定拟审查工程概预算的质量水平。

分解对比审查法首先需要全面审核某种建筑物的定型标准施工图或复用施工图的工程概预算指标，或者搜集积累各种不同类型工程的造价指标和技术经济指标作为拟审查工程的对比依据，有了这些材料后按以下步骤进行操作。

① 对比单位工程造价指标（元/$m^2$）。如果出入不大，可以认为本工程概预算问题不大，可不再继续审查下去了，如果出入较大，譬如，超过已审定同类工程造价指标的1%或3%（各地规定不一样），则继续对比单位工程直接费指标。一般情况下，由于拟审工程与参照工程建造时间不同，费用标准可能要有所变化，这是应注意的问题，同时在审查时可以直接对比单位工程直接费指标。

② 单位工程、分部工程、分项工程的分解。按单位工程、分部工程、分项工程进行分解，边分解边对比，哪一分部工程或分项工程指标出入较大，就重点进行审查。这种方法多用于审查概算。

(4) 经验审查法　它是根据以往审查类似工程的经验，只审查容易出现错误的费用项目，采用经验指标进行类比。它适用于具有类似工程概预算审查经验和资料的工程。这种方法的特点是速度快，但准确度一般。

(5) 统筹审查法（分组计算审查法）　统筹审查法是一种加速审查工程量的方法，是在长期工程概预算工作中总结出来的概预算编审规律的基础上，运用统筹法审查概预算的一种方法，具体操作步骤如下。

项目分组。把概预算项目分为若干组，且把相邻的具有内在联系的项目编为一组。例如，可以把利用轴线长度作为计算基础的工程项目划为一组；把利用建筑面积作为计算基础的划为一组；把能够利用手册计算的项目划为一组等。在每组中审查或计算某个分项工程量，利用工程量间具有相加或相似计算基础的关系，来推断同组其他几个分项工程量的准确程度。一般装饰工程可以分为以下几个组。

例如：底层建筑面积、地面面层、地面垫层、楼面面层、楼面找平层、楼板体积、天棚抹灰、天棚刷浆、屋面层。

再如：内墙外抹灰、外墙内抹灰、外墙内面刷浆、外墙上的门窗和圈过梁、外墙贴块等。

(6) 筛选法　筛选法实质上是对比审查法的一种，一般适用于住宅工程。其操作过程就是计算出建筑物中各分部分项工程在单位面积上的工程量、造价、用工 3 个单方基本数值表和造价、用工数值调整表，并注明其适用的建筑标准，表中要考虑层高和建筑面积对单方基本数值的影响，简称“四表”。表中这些基本值或基本值的调整值可看成为“筛孔”，将审查的工程概预算也按分部分项工程分解为单位面积上工程量、造价、用工三个数值，用已有的基本值或基本值的调整值来筛各分部分项工程。如果将要审查的分部分项工程在其范围之内，则该部分可不细审了；如果将要审查的分部分项工程不在其范围之内，则应在这部分详细审查。筛选法具有简单易学、便于掌握、加快审查速度、发现问题快的优点。但要想解决差错，分析其原因尚需继续审查。使用这种方法时，该工程必须能确定出基本值，因此其适用范围不是很大。

### 6.3.6　工程概预算审查的主要内容

工程概预算的审查，是落实工程造价管理的一个有力措施，不论采用全面审查法还是重点审查法，一般要从以下几个方面进行概预算内容的审查。

(1) 审查编制依据的合法性　工程概预算中所采用的各种编制依据必须经过国家或授权机关的批准，符合国家的编制规定；未经批准的一律无效，不得采用。概预算中不能强调特殊情况，擅自改动、提高概预算定额及其费用标准。

(2) 审查编制依据的时效性　编制工程概预算中所采用的各种依据，如概算定额、概算指标、预算定额、预算价格、费用定额、地区单位估价表和标准都具有时效性，审查时应分析它们是否都在国家规定的有效期内按现行规定进行，有无调整和新规定。

(3) 审查编制依据的适用范围　工程概预算所采用的各种依据都有规定的适用范围，如定额有国家定额、部门定额、地方定额之分。各主管部门规定的各种专业定额及其取费标准，只适用该部门规定的各种专业工程；各省（市）、自治区规定的各种定额及其取费标准，只适用于各省（市）、自治区的范围以内，尤其对于材料预算价格，区域性更强。在编制概预算时，必须根据工程特点，各种定额、指标、价格和费用指标等的适用范围分别选用。

(4) 审查设计图样、施工组织设计及取费项目　审查时要注意设计图样是否齐全，有无缺漏现象。不同的工程，不同的企业工水平不同，对各种工程的施工都有不同的施工组织设计，都有具体的施工方案和方法。如土方工程是采用人工还是机械挖运；构件吊装是采用哪种起重设备；预制构件是在加工厂制作还是现场制作等，这些都要与概预算书中所列项目和内容一致，审查时要着重注意。

(5) 审查技术经济指标和工程造价　建筑安装工程费用包括直接工程费、措施费、企业管理费、规费、利润和税金。概预算书中所确定的工程造价，就意味着国家对该项工程将要支付的投资数额，审查工程造价必须认真仔细，严格执行国家有关文件规定。要审查工程造价是否控制在设计概算所规定的限额内，如超过概算定额，应对设计图样进行修改，以保证其造价不突破概算定额。审查的同时，要注意审查各项技术经济指标，如单方造价、每平方米建筑面积的钢材、木材、水泥和砖等的消耗量，以及各分部工程与总造价的百分比等，审查其是否超过同类工程的实物消耗量参考指标及造价指标，如果发现与同类工程的各项参考指标有较大出入时，应进一步详细审查，详细审查时应从以下几个方面审查。

① 审查工程量计算准确性；

② 审查预算定额子目套用的正确性：

③ 审查各项费用的取费标准及汇总。

## 6.4 小结

本章主要讲解建筑装饰工程的工程结算方法和工程竣工决算方法、建筑装饰工程竣工决算文件的编制。通过本章的学习，要求读者熟悉和掌握以下内容。

(1) 工程结算的基本概念　工程结算是指由施工企业进行编制的确定工程实际造价的技术经济文件，竣工决算是工程竣工之后，由建设单位编制的用来综合反映竣工建设项目或单项工程的建设成果和财务情况的总结性文件。

(2) 装饰工程结算编制的依据　主要有：①施工企业与建设单位签订的合同或协议书；②施工进度计划变更、月旬作业计划和施工工期；③施工过程中现场实际情况记录和有关费用签证；④施工图样及有关资料、会审纪要、设计变更通知书和现场工程签证；⑤概（预）算定额、材料价格预算表和各项费用取费标准；⑥工程设计概算、施工图预算文件和年度建筑安装工程量；⑦国家和当地主管部门的有关政策规定；⑧招、投标工程的招标文件和标书。

(3) 装饰工程决算文件编制　装饰工程项目竣工决算应包括从筹建到竣工投产全过程的全部实际支出费用，即建筑工程费用、安装工程费用、设备工器具购置费用和其他费用等。竣工决算由竣工决算报表、竣工决算报告说明书、竣工工程平面示意图、工程造价比较分析 4 部分组成。大中型建设项目竣工决算报表一般包括竣工工程概况表、竣工财务决算表、建设项目交付使用财产总表及明细表，建设项目建成交付使用后投资效益表等。而小型项目竣工决算报表则由竣工决算总表和交付使用财产明细表所组成。

（4）装饰工程预算审核的方法　主要有全面审核法、重点抽查法、分解对比审核法、经验审查法、分组计算审查法和筛选审查法。

# 参考文献


[1] 武育秦. 装饰工程定额与预算. 重庆：重庆大学出版社，2004.

[2] 刘钟莹. 装饰工程造价与投标报价. 南京：东南大学出版社，2004.

[3] 田永复. 建筑装饰工程概预算. 北京：中国建筑工业出版社，2000.

[4] 余学伟. 实用装饰工程预算. 重庆：西南师范大学出版社，2009.

[5] 纪传印. 装饰工程造价. 重庆：重庆大学出版社，2006.